第３版

初等国語科教育法

長谷川清之

明星大学出版部

はじめに

教育は社会のライフラインといえます。とりわけ国語科教育は、日本という国が日本であるための必要不可欠な社会的な営みであり国語は国家そのものです。この国家を担う子どもが揺らぎ始めています。

文部科学省の調査によると、学校内外での小・中・高校生の暴力行為は約7万件と12年連続し、5万件をこえています。仲間や教師への暴力、ものを壊したりする行為は、一体何を訴えているのでしょうか。なぜ、暴力行為が低年齢化しているのでしょうか。また、いじめの認知件数も約54万3千件をこえ、332人の児童生徒が自殺しています。このうちいじめが理由と考えられる自殺が9件です。一方、小・中学生の不登校の児童生徒は、約16万4千件と調査を始めた平成3年の約2・5倍に達しています。（平成27年度「児童生徒の問題行動等の生徒指導上の諸問題に関する調査」文部科学省、令和元年10月17日）

中央教育審議会は、子どもを取り巻く環境の変化を踏まえた今後の幼児教育の在り方について（答申）で、子どもの育ちの現状を次のように述べています。（平成17年1月28日）

・基本的な生活習慣や態度が身に付いていない。
・他者とのかかわりが苦手である。
・自制心や耐性、規範意識が十分に育っていない。
・運動能力が低下しているなどの課題が指摘されている。
・また、小学校1年生などの教室において、学習に集中できない、教員の話が聞けずに授業が成立しないなど学級がうまく機能しない状況が見られる。
・加えて、近年の子どもたちは、多くの情報に囲まれた環境にいるため、世の中についての知識は増えているものの、その知識は断片的で受け身的なものが多く、学びに対する意欲や関心が低いとの指摘がある、等々。

国語教育の立場からこの現状を考えてみます。
・言葉で感情を抑える力、他者とのコミュニケーション能力が不足している。
・読書を通して人物の言動を想像したり理解したりする体験が足りない。
・情報について考え、判断し、利用し、自ら発信する力に課題がある。
・古文や漢文などを学び、日本の伝統文化に触れる機会が少なくなっている。
・言葉を音に出して読む音読や朗読、暗唱などの不足。それによって言葉をイメージする力が劣化しているのではないか。
・論理的なコミュニケーション力が不足している。とりわけ改まった場で自分の考えを伝えたりする表現力が苦手である。
・携帯電話やパソコンによるメールは、人と人との直接コミュニケーションの機会を減少させている。自己内の対話によって、一方的なコミュニケーションになりやすく思い込みや誤解を招きやすい、等々。

次々と問題が見えてきます。言葉は日本の社会や個人の血液のようなものです。知識や知恵を蓄積し、廃棄し、心を浄化し、深く考え、判断できるようにします。また、自然への繊細な感受性や美的感覚、人間として持つべき勇気、誠実、礼節、愛、倫理観、正義、郷土愛、祖国愛を育み、意思や感情などの伝え合い、多様な人間関係を構築します。言葉を学ぶことは、個人にとって欠かせないことであり、社会のライフラインです。また、社会の変化は、今まで以上の国語力を必要とし、国際化の進展は、国語への愛情、日本文化の自覚が求められます。情報化社会は、情報の処理・判断、選択、発信等の能力がますます求められるでしょう。時代の変化に向き合い、国語科教育法の新しい地平を築くことが求められています。国語科指導法研究は、人づくり、国づくりという限りなく続く二本（日本）のレールです。志を持った教師の生涯をかけた仕事です。

令和2年12月

著　者

《本書の主旨》

初等国語科教育の目的・内容・言語活動・伝統的な言語文化と国語の特質に関する事項等の基本を学び、背景や指導法の基本を学びます。とりわけ、話す・聞く、書く、読むことの言語活動をどのように実施し、基礎的基本的なことを定着させるか、実際の教材に即して指導法の考え方を学びます。

もくじ

第二章　国語科教育の変遷と方向

第十章　書写学習

第十一章 読書活動

第十二章　初等国語科実践研究

おわりに

第三版　初等国語科教育法

第一章　初等国語科教育

1．発達段階と初等国語科教育

(1)　小学校に入学するまで

ルソーは、「植物は栽培によって、人間は教育によってつくられる」と『エミール』で述べています。お米やくだものは、肥料を与えたり、水の管理をしたり、雑草を除いたり、病気や害虫から守るために薬剤を散布したりすると、より多くの収穫を得ることができます。つまり、栽培は、成長するための環境を整えることであり、植物は、条件さえ整えれば、教えられなくても自ら成長する力を持って生まれていきます。

ところが、人間の赤ちゃんは、全てに手助けが必要です。お乳を飲むこと、立って歩くこと、話すこと、みんな教育を通して発達させなくてはなりません。人間は、弱く何も持たずに生まれます。心身両面を一定の方法で発達させるように導く教育と、植物を栽培するのと同じような援助（環境）が必要なのです。つまり、分別や判断力を持たずに生まれてくる人間は、大きくなった時に必要なものを教育によって与えられ、人として成長してゆくのです。

国語教育は、子どもの誕生と同時に始まります。泣く子どもに母は話しかけ、お乳を与えたり、おむつを取り替えたり、抱いて安心を与えたりします。名前を付けて話しかけます。母と子の愛と信頼により共感的、情緒的なやりとりを通して、言葉によるコミュニケーションの土台づくりをします。そして1年もたつと、言葉の意味が分かりはじめ、対話の基礎が形成されます。子どもは、ものや人に名前があることが分かり、自分の要求を言葉で伝えるようになります。「だめ」という指示や「おりこうね」というほめる言葉を理解します。そして、「~に行こう」「~を持ってきて」という簡単な指示を理解します。模倣を繰り返しながら、対話ができるようになります。

1歳半頃（ごろ）~3歳代になりますと、言葉で行動し、感情に対応して使われる言葉が分かります。「名前は…」「○○」、「だれときたの…」「ママ」、「○○ちゃんはどうしてやすんだの…」「病気で寝ているのかな…」「病院にいったのかな…」などを話題にすることができます。また、「いつ、どこ、だれ、なに、なぜ」等の質問に答えられるようになります。自分から「だれ、どこ、なに」を使って、分からないことを知りたがります。

4歳~6歳代には、生活に必要な言語を増やし、言葉を意識して使い、言葉で想像したり抽象的な思考をしたりするようになります。多くの子どもは、小学校低学年ぐらいまでに、音声言語で次のことができるようになります。

・友達との会話が多くなり、会話を楽しむことができる
・経験だけでなく物語の内容などが理解できる
・話を聞いて内容をイメージできる

・続けて話ができる。場面の中の話を詳しくできる
・過去の話、未来の話ができる。見たこと、知っていることを話せる
・順番に出来事を話したり、思ったことを話したりできる
・言葉遊びができる。言葉を意識できる
・話題からそれないで話せる
・言葉による言葉の説明ができる
・言葉の意味を尋ねることができる
・簡単な文字を読むようになる
・言葉で自分の感情をコントロールできる

必要な言葉を習得し、自分の気持ちを言語化できるこの時期は「5歳の坂」と言われるように、大きな成長の節目です。

・「どうして～か」（因果関係・理由つけ）
・「もし～なら…かも知れない」（仮説）
・「～と、～たり、～ので、～でも、～ながら」（重文）
・「とき、～みたいな、～ぐらい、～そうに」などの表現（複文）

このように急激に言語生活が活発になり複雑になります。焦点を絞って話すことができるようになり、経験をしていないことを、興味を持って聞けます。言葉の成長の大きな転換期であり、小学校に入学し、初等国語科教育を始める準備が整ったと言えます。

(2) 国語科教育のはじまり

小学校に入学して始まる初等国語科教育は、大きく二つの役割を担います。

一つの役割は、生活の中で使っている言葉を文字に表すことです。そのために、「ひらがな」「カタカナ」「アラビア数字」「漢字」「ローマ字」などの五種類の文字を習得します。文字を書き、文として読めるようにします。書き言葉で学んだり、対話したり、経験や知識を文字言語を交えて交換したりします。

・役割を決めた会話や情報交換のための話し合いができる
・人の話を聞ける。大体の内容、あらすじ、大事なことが理解できる
・疑問点を質問することができる
・話題に沿った会話を続けることができる
・相手に分かるように話すことができる
・言葉の意味を文脈の中から大体理解できる。自分でも説明できる
・読むことに慣れ、読むことでイメージを持つことができる
・読むことの方法を習得し、内容の大筋や要点を読むことができる
・書くことに慣れ、経験的な事柄を順序や場面の様子、気持ちなどを交えて書くことができる
・言葉で表現されたルールによって行動を規制することができる

小学校低学年では、対話や文字を媒体に経験や知識を交換する言語活動ができるようになります。

二つ目の役割は、小学校高学年になると、読む力をつけ語彙を増やし、「命」や「信頼」、「友情」、「自然」などの抽象的概念（二次概念）を表す言葉を使った学びができるようになります。これ以降は、学び

は基本的に言葉と言葉を通したものとなります。この言葉の学びを通して、想像力、思考力、判断力、表現力を養います。高学年は、友だち同士の情報交換が盛んになり、図書や文字資料にたくさん触れて、語彙や言葉の知識、使い方を拡充します。

・友達同士でニュースなどの情報交換をする
・ルールに従って話し合い活動をし、自分の意見や考えを発表できる
・内容だけでなく意図を理解することができる。自分で判断しながら聞くことができる
・まとめて話したり、目的に沿って話したりすることができる
・語句の意味を辞書で調べるようになる
・新しい表現や自分で定義した言葉を使うようになる
・言葉の用法や細かな意味の違いなどの語感が育ってくる
・経験していないことでも、文章から、話を聞いたりしてイメージできる
・感情の追体験や疑似体験ができる
・文章を論理的に読むことができる。段落の構造を理解できる
・事実と意見、見方などの表現に注意して読むことができる
・まとめて話したり、まとめを書いたり、自分の意見を振り返り反省することができる

この時期は、文字言語を読むことで語彙を増やし、言葉で学習するために必要な知識や技能を習得します。抽象的な言葉と言葉を通した学びは、子どもにとって大きな難関であり、「9歳の壁」とも言われています。

2. 初等国語科教育の意義

(1) 国語を学ぶ意義

さて、国語を学ぶ意義をまとめてみましょう。

第一は、国語は個人にとって、知的活動の基盤であることです。知識や知恵の獲得、想像力や創造力、論理的な思考力の基盤には、国語力が不可欠です。また、日常生活で必要とされる論理・理性、大局的な判断には、活字文化に親しみ、そこで培った教養が欠かせません。また、国語は個人の感性・情緒等の基盤でもあります。感性・情緒等は国語を通して身につくと言っても過言ではありません。詩歌や和歌、文学には、美しい日本語の表現やリズム、深い情感や自然への繊細な感受性や美的感性、豊かな情緒が言葉に表されています。そこで、人間として持つべき勇気や誠実、礼節、愛、倫理観、正義、審美、郷土愛、祖国愛に触れることができます。さらにまた、国語はコミュニケーションの基盤でもあります。意思や感情などを伝え合う力は、社会生活に欠かせない日常的なものです。伝え合う力を養い、言葉を通して相手の人格や考え方を尊重できるようにすることが大切です。多様な人間関係の構築には、国語を目的や場に応じて適切に運用する能力を養うことが欠かせません。

第二は、国語は社会全体の基盤です。長い歴史の中で形成されてきた文化は、時代を超えて理解され継承され、新しい文化へと発展します。国語は、この文化の基盤であり中核と言えます。継承されてきた一つの言葉に、先人の悲しみや心の痛み、喜び、情感や感動が集積されています。これらの継承は、日本語を聞く・話す・読む・書くことを通して行われます。また、国語は、社会を維持するのに必要なコミュニケーションの基盤です。国語なくして社会が成り立たないといっても言い過ぎではありません。

第三に、社会の変化への対応には、今まで以上の国語力が必要です。価値観が多様化し、都市化や、少子高齢化が進展している今日ほど、国語の運用能力が求められている時代はないでしょう。地域の教育力の低下や、世代間において人間関係が希薄化していることに対する危機回避には、国語的素養の共有が不可欠です。また、いじめや不登校、少年非行などの問題対応には、言葉で伝え合う力を育てることが喫緊の課題です。例えば、挨拶をする、お願いをする、断る、感謝の言葉を述べる等々、自分の気持ちを言葉に表すことは、人間関係の構築に欠かせません。また、国際化の進展する今日は、個々人が母語としての国語を尊重し、日本文化を愛し、日本人としての自覚をもつことが重要です。なぜなら、日本文化を尊重することができて、他国の文化や伝統を理解・尊重する態度を養えるからです。さらに、知識基盤社会では、情報を処理・判断する能力、選択する能力、本質をつかみとる能力、限られた時間で文章をまとめて情報を発信する能力、インターネットの断片的な情報を読み取り、加工し、組み立て直す国語力が必要です。

このように、国語教育は、個人の形成、社会生活の基盤づくり、社会の変化への対応の三つの大きな役割を担う意義があります。

(2) 初等国語科教育

小学校に入学して始める国語科教育は、日本語をさらによりよく運用し活用できるようにするための意図的、計画的な教育です。小学校の6年間に、ひらがな、カタカナ、漢字、ローマ字、アラビア数字等の文字を習得し、文字を読むことで語彙を増やし、学び合うことで言葉の意識を高め、言葉を追究し、考究し、言葉による学び合いを通して言語感覚や感性、情緒、思考力を養い、言葉で学ぶ力を養います。言葉の学びを通して「感じる力」「想像する力」「考える力」「表す力」等を養い、知的活動やコミュニケーションがよりよくできるようにします。

このように、初めて日本語を国語科として組織的に、体系的に、計画的に学習するのが初等国語科教育です。初等国語科教育は、子どもが成長し自己実現をはかるために必要な最も基本的、基礎的な言葉の教育です。国語科教育の目標を小学校学習指導要領では、次のように示しています。

言葉による見方・考え方を働かせ、言語活動を通して、国語で正確に理解し適切に表現する資質・能力を次のとおり育成することを目指す。

(1) 日常生活に必要な国語について、その特質を理解し適切に使うことができるようにする。
(2) 日常生活における人との関わりの中で伝え合う力を高め、思考力や想像力を養う。
(3) 言葉がもつよさを認識するとともに、言語感覚を養い、国語の大切さを自覚し、国語を尊重してその能力の向上を図る態度を養う。

3. 国語科教師の役割

小学校の教員は、全科を担当します。同時に、学級担任として、子どもと生活を共にして、自ら学ぶ姿勢や態度、習慣、好ましい人間関係、自律的な生活態度、社会性等を育みます。教師に求められる資質は、次のようなことです。

第一に、子どもの成長や発達を理解し、教育的な愛情をもち、小学校教育についての専門的知識や教養を備えた指導力です。子どものために少しでもよい教育をする使命感や子どもに対する愛情は絶対欠かせない条件です。

第二は、子どもが抱えている課題に取り組む資質能力です。環境問題や情報化社会への対応、国際化の進展などのグローバルな問題に対して、地球的な視野に立つ哲学を持ち、主体的に生きる力を育成することが求められます。

第三は、得意分野、より専門的、個性豊かな教員を必要としています。学校は、教育のために意図的、計画的につくられた組織体（教育基本法第６条）であり、教育の課題がより複雑になり、多岐であればあるほど、個々の教員が力を発揮して協働することが必要です。

以上のような教師としての資質を備えた上に、国語科を担当する教師は、国語科教育の立場から学校教育に寄与することが求められます。国語教育は、学校生活や教科学習のすべての場で行われる要です。専門的な立場からよりよい言語環境を整え、国語教育の推進役として影響力を発揮することが期待されます。

さて、喫緊の国語教育が抱えている課題とは何でしょうか。課題を特に解決しなければならない問題と捉え、とりわけ国語科教師に指導力を期待するものです。

(1) 話す・聞く力の育成

第一は、話す・聞く力の育成です。自分の気持ちを、どう表していいか分からない、こんな時に、使う言葉そのものが分からない、こんな子どもが増えています。原因としては、幼児期に言葉の習得に問題があったのではないかと考えられます。または、子どもを取り巻く言語環境の影響かも知れません。

実際に、言葉の乱れは深刻です。「ら」ぬき言葉や「さ」入れ言葉、敬語の使い方を例に出さなくても、省略された言葉や「千円からお預かりします」などの間違ったマニュアル的な表現が目に余ります。マスコミに登場する人たちの乱暴な言葉遣い、日本語に対する言語感覚の希薄さには、耳を塞ぎたくなるほどです。また、携帯電話やパソコンによるメールは、人と人との直接コミュニケーションの機会を減少させ、一方的な自己内対話による思い込みや誤解が、おぞましい事件を引き起こしています。過去最高を記録した児童生徒の暴力行為等は、言葉で感情を抑える力、他者との直接話す・聞く等のコミュニケーション力の不足が背景にあると考えます。

こんな時代だからこそ、正しい日本語教育、とりわけ、話す・聞く力を培うことが喫緊の課題です。

(2) 読書力の育成と、読書習慣を養う

一方、読書離れと活字離れが子どもの成長に大きな影響を与えています。読書を通して、たくさんの語彙や言葉の知識や技能を習得することができます。同時に想像力や表現力、感じ方、考え方などの国語力の中核をなす力を養うことができます。読書離れは、国語力を自らつける機会と自己啓発の場を失わせています。

「２０１６年、学校読書調査」（全国学校図書館協議会）によると、５月１か月で１冊も本を読まなかった人の割合は小学校で、４・０％、中学校で15・４パーセント、高校生で47・０パーセントと年齢が上がるにつれて読書離れが深刻です。５月１か月に読んだ本の冊数も小学校で11・４冊、中学校で４・２冊、高校生で１・４冊です。国際調査（ＯＥＣＤ生徒の学習到達度調査（ＰＩＳＡ・２００９））でも「毎日趣味として読書をしているか」という質問に対し、44・２パーセントの生徒が趣味で読書をしないと回答し、ＯＥＣＤ平均の37・４パーセントよりも多く、参加国の中で最も高い割合を示しています。

国際調査で求める読解力「Reading Literacy」は、「自らの目標を達成し、自らの知識と可能性を発達させ、効果的に社会に参加するために、書かれたテキストを理解し、利用し、熟考し、これに取り組む能力」であり、読書力といっても過言ではありません。これは、学習指導要領の内容〔思考力・判断力・表現力等〕「Ｃ読むこと」に重なるものであり、読書力の育成は、国語科の「Ｃ読むこと」の最終的な目標として、国語科を通して読書をする習慣や態度を養わなくてはなりません。

(3)　熟考・評価力の育成

現代社会は、様々な情報にいつでも誰でも触れることができる時代です。世界中のニュースがボタン一つで手に入ります。これらの情報は、断片的であり、正しい情報と不確かな情報、自分にとって必要な情報、不必要な情報が混在しています。子どもの成長にとって好ましくない情報にも意図することなく出会ってしまうことがあります。どのような対策をとっても防ぐことができないものです。だからこそ情報に対して、主体的に判断し、考え、利用し活用できることが大切です。この情報の価値を熟考・評価する力を養うことが必要です。

子どもの世界では、同じことをAさんとBさんが言っても、A君の言ったことをCさん、Dさんは受け入れるが、B君のことは受け入れない、といったことがしばしば起きます。これは、Aさん、BさんとCさん、Dさん、それぞれの関わりの違いですが、この関わりが大切ではなく、情報そのものをそれぞれが主体的に判断することが大事です。情報に対する熟考・評価は、マスメディアによる情報ばかりではなく、日常生活の中で求められるものです。今、子どもの世界ではしばしばこのようなことが起こり、いじめや差別の原因となっています。

実際、高学年になるほど、本音を出せない子、自分で自分の気持ちが分からない子が増えているようです。自己を確立するこの時期、自ら考え、判断できることが大切なのです。子どもが発する「むかつく」「きもい」等の言葉は、自分自身がよく分からない叫びのように聞こえます。それは自分の思いや考えを言葉にすることができない鬱積かも知れません。子どもが自立し、自律するためには、自分の気持ちや考えを言葉として外に出し、それを共有する力を育成することが重要です。

(4) 伝統文化の継承

日本人としての生活習慣の確立には、日本人が積み上げてきた伝統文化や生活の中にある習慣や規範を実践していくことが大切です。「恥」の文化や「わび」、「さび」の文化、「もののあわれ」等々、とりわけ、言葉として蓄積された文芸や古典は、人々の心を照らし意味や価値を見付けられない限り、次の時代に伝わらないでしょう。そこで使われている多くの言葉が死語となり、やがて消えていくことでしょう。それは、伝統文化を失うことです。日本人が蓄えてきた文芸や古典を継承するためには国語教育が必要です。母語である日本語は、日本であり日本人そのものです。日本語の乱れは国の乱れであり、日本人の心を喪失することです。

日本精神の源である古文や漢文に親しむことが大切です。そして、歌舞音曲や演劇に触れることも重要です。例えば「能」は、日本が誇る世界無形文化遺産ですが、一体どれだけの日本人が「能」のことを理解しているでしょうか。「能」は、奈良、平安時代から庶民に親しまれてきた歌舞音曲、神への奉納の舞や民衆の芸能、平安、鎌倉時代の文学や説話、軍記物語等から題材を取って作りあげた総合芸能です。観阿弥、世阿弥親子が能に集大成しましたが、その後は幕府や貴族階級に保護されて洗練され、今日にいたっています。演劇論とも言える世阿弥作の『風姿花伝』や『花鏡』は、シェークスピアが登場する二百年近くも前に書かれたものです。このような世界に類を見ない日本文化に触れる機会が若い世代に少ないのです。この理由は、日本人の感性や情緒の基となる文芸や古典を尊重し大切にする意識が十分でないからでしょう。今、国際化が進み世界の中で生きていくことが不可欠な時代であるからこそ、伝統文化を大切にする教育が必要です。国語科教育の果たす役割は少なくありません。

(5)　音読・朗読、暗唱文化の継承

言葉は声に出して読むことで、黙読では味わうことのできない世界を創ることができます。抑揚、間、音色、調子、強弱、明暗、緩急、声の大小を工夫して音読すると、黙読では気が付かない豊かな日本語の良さを体験することができます。

実際、日本語ほど、オノマトペの豊かな言語は、世界の言語に類をみることができません。擬音（声）語、擬態語をまとめてオノマトペと言いますが、オノマトペは声に発することで、言葉が生き生きと働き始めます。これらの言葉をどのような音にするか、それは読み手の選択次第です。

谷崎潤一郎氏は、「現代の口語文に最も欠けているのは、目よりも耳に訴える効果、音調の美であります。」（『文章読本』昭和9年）と述べています。私たちは黙読をする場合は、無意識に頭の中で言葉を音にして聴き、そして理解しています。音にする力が乏しければ、それだけ文章を理解したり想像したりする力が乏しくなります。多くの教師は、音読のよくできる子どもの読解力が優れていることを経験的に知っています。子ども達の音読する姿が国語科教室の中で、学校生活の中で消えつつある今日、音読・朗読、暗唱の文化を復活させせなくてはなりません。

※　谷崎潤一郎（明治19～昭和40）東京日本橋生まれ。大文豪。毎日出版文化賞、毎日芸術賞、文化勲章等を受賞。作品として「刺青」「痴人の愛」「文章読本」「細雪」「春琴抄」「少将滋幹の母」「陰翳礼讃」「鍵」「新訳源氏物語」等がある。「文章読本」は、昭和9年発売になり、大ベストセラーとなった。

⑹　論理的なコミュニケーション力の育成

世界がグローバル化し、異文化と共生する時代には、論理的なコミュニケーションが必要です。原理を説明したり、調査・分析したり、仕事のマニュアルを説明したり、自分の考えを伝えたりすることが欠かせません。物事を考える論理的思考力、豊かな発想の基となる想像力、自分の意思を明確に伝える表現力等、言葉による見方、考え方を育むことが欠かせません。つまり科学的資産を理解する国語力、論理を他人に伝え、合理的な意思決定を行う国語力が重要です。例えば、保健室に用があってきたAさん。「足･･」、「手･･」、「転んだ･･」と単語の羅列では、どんな用件できたか先生には伝わりません。身内や仲間内の会話では、相手が先取りして話をつなげてくれても、違う環境では、筋道たてて話さないと相手に伝わりません。

言葉を通して互いの思いや考えを理解し表現し合う教育が必要です。立場が違う者同士のコミュニケーションには、言葉を意識して使うことが必要です。言葉と言葉を共有することで、世界を広げることができるのです。子ども達は、多くの人とコミュニケーションをとらなくてはならない時代に生きているのです。言葉による見方、考え方を育成することが重要です。

以上、六つの課題を挙げましたが、他にもあると思います。これらは一つの例ですが、国語科教育の視点から、自ら課題を見つけることが肝心です。教師が母語である日本語の最高の環境であることを常に自覚し、自分の言語感覚を磨き、子どもと向き合い、正しくきれいな日本語を使えるようにしたいです。

国語科教師は、学習指導要領の国語科の内容を熟知する専門家です。そして、子どもの実態をよく理解し、どのような教材を用意するか、教材そのものの価値や活用方法について見識を持ち、指導をする専門家です。授業は、あらかじめ決まったことを伝達するだけなら誰にでもできますが、子どもと共に未知を創っていくことは教師しかできません。未知からどのような学習を創出するか、まさに教師としての力量が問われる瞬間です。授業は、実際にいくら計画をしても、予想もしなかった言動に当惑したり感動したりします。子どもが言語活動で見せる良さは一瞬のうちに消えてしまいます。その良さをよく感じ受け止め、学習を組み立てていくかが実践的な指導力です。

この力は、実際の授業を通して培います。経験や事前研究は絶対必要ですが、それに囚われすぎると、自分の手の平の上での学びにさせてしまいます。これを避けるためには、純粋に子どもと向き合い、子どもと共に学び学習を創っていく姿勢が大切です。子どもの感性や思考を無視したり、気がつかなかったりしては、せっかくの新芽を摘むことになります。自分の力を過信することなく謙虚な気持ちをもって、日々の指導に努めなくてはなりません。子どもは発育最中です。だからこそ教師には、「離見の見」（客観的に自分を見る目、『花鏡』）が欠かせません。

◇新しい時代の義務教育を創造する（答申）17・10・26　中教審

↓　質の高い教師、生き生きと活気あふれる学校

・保護者や地域の期待に応え、子どもの社会的自立を支え、一人一人の多様な力と能力を最大限伸ばす場。
・子どもがよく学びよく遊び、心身ともに健やかに育つことを目指し、高い資質能力を備えた教師が自信を持って指導に当たり、保護者や地域も加わって活気ある活動を展開。
・学校の教育力（「学校力」）を強化し、教師の力量（「教師力」）を強化し、それを通じて、子どもたちの「人間力」の豊かな育成を図ることが国家的改革の目標。

・目指す教育の目標をこれまで以上に明確に示し、それに即して、子どもたちに必要な学力、体力、道徳性をしっかりと養い、教育の質を保証する。
・保護者や地域住民の意向を十分反映する信頼される学校。保護者や地域住民の学校運営への参画を促進。教育を提供する側からの発想ではなく、教育を受ける側である保護者や子どもの求める質の高い教育の場となる必要がある。教育現場の意識改革が鍵。

↓

教師

1．教師像の明示

・子どもたちや保護者はもとより、広く社会から尊敬され、信頼される質の高い教師の養成・確保が不可欠。

2．優れた教師の条件

(1) 教職に対する強い情熱

・仕事に対する使命感や誇り、子どもに対する愛情や責任感。
・変化の著しい社会や学校、子どもたちに適切に対応するため常に学び続ける向上心を持つ。

(2) 教育の専門家としての確かな力量

・「教師は授業で勝負する」と言われるように、この力量が「教育のプロ」。
・具体的には、子ども理解力、児童・生徒指導力、集団指導の力、学級作りの力、学習指導・授業作りの力、教材解釈の力。

(3) **総合的な人間力**

・豊かな人間性や社会性、常識と教養、礼儀作法をはじめ対人関係能力、コミュニケーション能力などの人格的資質を備えていること。

・他の教師や事務職員、栄養職員など、教職員全体と同僚として協力していくこと。

4．国語教室経営

(1) 安心して取り組める学習環境を整える

どのような国語教室を創っていけばよいのでしょうか。まず、一人一人の子どもが、安心して学ぶことのできる環境を整えることが大切です。そのためには、学習規律を確保し、必要な学習習慣づくりと「躾」が欠かせません。

A先生は、担任する学級で、授業中に立ち歩いたり私語したり自分勝手な行動をしたり乱暴な言動をする数人の子どもの存在に悩んでいます。注意してもすぐ同じことを繰り返し一向に改善する気配がありません。A先生は、みんなが気持ちよく学習し、生活できることが大切であると考え厳しく指導してきました。ところが、5月の連休を過ぎてもなかなか改善されず、中心的な存在であるBさんをまねるCさん、Dさん等が増えてきました。A先生は、放課後、BさんとCさん、Dさんを残して厳しく注意しましたが、はじめは黙って注意を聞いていたBさんが突然、「先生はいつも自分ばかり注意する。」と大声で反発してきたのです。A先生は腹が立ってBさんに負けずに大声を出しました。そうするとCさんはBさんをかばい、Bさんは反発するばかりです。A先生は自分の指導が通らないことに愕然とします。

このような事例はよくあることです。クラスの中には能力も個性も課題も異なる子どもがいるのが普通です。だからといって授業中の立ち歩きや私語、乱暴な言動を許すわけにはいきません。学習規律を確保し、必要な躾をして学習環境を整えなくてはなりません。

A先生の行為は当然のことですが、なぜ指導が通らないのでしょうか。教育には、一定の権威や力が必要ですが、指導という名の下にそれが一方的過ぎたり、相手を無視したり、結果として指導の意味が通じず、子どもに先生は差別していると思わせたりすると、当然、子どもは反発します。つまり、教師と子どもの信頼関係を培わないと教育は成立しないのです。A先生の場合、BさんやCさん、Dさんの居場所を与えなくてはなりません。教室は学習の場です。やはり授業を通して彼らが「勉強が分かる」「勉強は楽しい」と思えるようにすることが大切であり、それが教師と子どもの信頼関係に繋がります。「だめ」という言葉一つでも、先生が自分のことを分かってくれた上で言ってくれると思えるのと、否定的に捉えるのでは、正反対の効果を生みます。子どもの目線に立ち、心情を理解し、愛情を持ち、よりよい学習環境を整え、学習規律を確保し、人間関係をよくすることが大切です。それには子どもの良さを認め、ほめて、気配りをし、学習習慣を培い、躾をすることが重要です。時には子どものために厳しくすることも大切です。

子どもは授業の主役です。子どもが主体的に学習することは教師の願いです。子どもは、教師の気持ちを察知して、学習に一生懸命に取り組み、認められたい、関わりたいという気持ちを持っています。

本来、学習とは、誰かのためにするのではありませんが、初めはこのような関係であってもやむを得ないでしょう。やがて自分から「分かりたい」「知りたい」「やってみたい」「調べてみたい」と意欲的、自律的な学習態度に移行してゆくことでしょう。

国語科教室経営とは、第一に授業に一人一人の子どもが安心して取り組めることができる環境をつくることです。

(2)　約束やルールを決め、躾をする

安心して子どもが生活できる学級は、まず、よく話を聞き、よく話すことができる環境であることです。生活や学習には規律が必要です。ある学級に、次のような掲示物がありました。

○話を最後まで聴くこと
・聞こえるのではなく心を傾けて聴く
・話す相手を見て聴く
○相手に伝わるようなていねいな話し方をすること
・言葉を省略しない
・「です」「ます」などのていねいな言葉づかいをする
・相手が聞き取れるような大きさや速さで話す
○正しくきれいな言葉を使うこと
・話し方を工夫する

・相手に勇気を与えるような言葉を使う

このような約束やルールを明確にし、躾をすることが大切です。また、鉛筆の選び方や鉛筆の持ち方は、繰り返し指導します。正しく鉛筆が持ててこそ文字を正確に丁寧に速くきれいに書くことができます。この他にも、ノートの選び方や使い方、縦書きの仕方、教科書の扱い方、読書の仕方、辞典の使い方、椅子の座り方、挙手の仕方、発言や返事の仕方、学習用具のそろえ方、聞き方、書き方、話し合い方等々、適宜、約束やルールを決め、躾をします。織物を織るように一糸一糸よい習慣や習性を身に付けていくことが大切です。

(3)　信頼関係の構築

最後は最も大切な信頼関係の構築です。教師と子どもの信頼関係の基本は「敬愛」であると思います。教師は、何よりも子どものことを深く思い愛し、メリハリのある指導と規律ある学級作りを実現しなくてはなりません。中でも授業が大切です。授業が面白くないと、子どもは学習に集中できません。実際に、子どもが「できた」「分かった」と実感すると、学習が面白くなります。教師への信頼は深まるでしょう。学習や生活を通して見える先生の人間的な魅力や指導力に、子どもは、「すごい」「先生みたいになりたい」と思うことでしょう。このような「敬」が必要です。ここには、自分を向上させたいという願いがあるからです。「愛」と「敬」で結ばれた信頼関係を構築することが大切です。

そのためには、教師が、まず子どものために、子どもが学習のねらいと方法が分かり、自らの言語活動に取り組み、知識を獲得し、考えを深めたり広げたりし、想像したり、学習を自ら振り返ったりして成長を実感できるような授業を実現することが重要です。

また、子どものことを心配し、時には相談し、共に遊び、共に喜び、共に悲しみ、共に楽しみを共有することが大事です。このような教師の姿に子どもは心を開き、「先生」と心から言えるようになるでしょう。教師は信頼されるに足りる人間か、尊敬に値する授業をしているのか、常に自らに省みる姿勢が大切です。

自分の授業は、自分の能力の水準を表しているのです。授業の面白さ、深さ、真実性、創造性は、今の自分の表れなのです。つまり目の前の子どもは自分自身である、このことをしっかりと受け止めて己を省み、日に日に新たにしなくてはなりません。国語科教育の道（未知）は甘いものではありません。厳しい道のりです。そこを乗り越える日々の教師の姿に信頼を寄せるでしょう。時には教師を励まし勇気づけてくれるでしょう。信頼は、教師が自分の努力で獲得するものです。繰り返しますが、謙虚に自己を省みる姿勢、よりよい教育を創る姿勢、子どものことを深く思い、誠意ある努力の集積がなによりも大切です。

《研究と討議のための課題》

一　初等国語科教育の意義について、自分の考えをまとめましょう。

二　国語教師の役割と国語教室経営について、自分の考えをまとめましょう。

第二章　国語科教育の変遷と方向

さて、これからどのような国語教室を経営していったらよいのでしょうか、それには、国語科教育の変遷を概括し、今、どのような国語科教育が求められているか、課題を明確に持つことが肝心です。国語科教育は、歴史と共に社会の要請に応えてきました。おおまかに七つの時期に分けてみます。

1．草創の時代　明治5年（1872）～

明治以前は、書物を素読することが中心でした。習い事やお稽古に近いものでした。

明治5年学制公布により義務教育制度が始まりました。綴字、習字（てならい）、単語読方（ことばのよみかた）、会話読方、読本読方、単語書取（ことばのかきとり）、書牘等が国語科に関係する学習と言えます。翌年、明治６年（１８７３）の小学校教則では、読物、習字、書取、作文、問答等が見えます。明治12年（１８７９）の教育令では、読書、習字、明治14年（１８８１）学校教則綱領には、初等科3年、中等科3年　高等科2年の教科として、読書、習字の二科、ただし読書は、読方と作文としています。明治19年（１８８６）の小学校令は、読書、作文、習字の三学科「小学の学科及其程度」、明治23年（１８９０）小学校では、読書、作文、習字の三科としています。明治24年（１８９１）小学校教則大綱では、読書及作文ハ普通ノ言語並日常須知ノ文字、文句、文章ノ読ミ方、綴リ方及意義ヲ知ラシメ適当ナル言語及字句ヲ用ヒテ正確ニ思想ヲ表彰スルノ能ヲ養ヒ兼テ智徳ヲ啓発スルヲ以テ要旨トス

とあります。ここでは国語科としての文言はありませんが、国語科の目的、内容の成立に向けた草創期といえます。生活に必要な文字、文句、文章の読み書き方を教え、これを使って自分の思いを表現できるようにします。併せて、智徳を啓発することでした。換言すれば、生活に必要なコミュニケーション能力と自己開発力を養うものです。個人が個人として独立し、自己実現を図るためには、「智徳ヲ啓発スル」ことは欠かせません。現在の国語科の目的「思考力や想像力…養う」に通じるものです。

※　この時代を浜本純逸氏は、「第一期　国語科成立以前」1868年～1899年」と命名しています。
（『国語科教育論』改訂版、溪水社、2006年）

◇**《若林虎三郎・白井毅》「改正教授術」五冊（明治16～17（1883～84））**

・明治20年代の師範学校の教科書

・「自然ノ順序ニ従ヒテ諸心力ヲ開発スベシ」　教授の主義九項目

・ペスタロッチの影響を受ける。開発主義と言われた。

巻1「端緒の第一」

一　活潑ハ児童ノ天性ナリ
動作ニ慣レシメヨ
手ヲ習練セシメヨ

二　自然ノ順序ニ従ヒテ諸心力ヲ開発スベシ
最初、心ヲ作リ後之ニ給セヨ

三　五官ヨリ始メヨ
児童ノ発見シ得ル所ノモノハ決シテ之ヲ説明スベカラズ

四　諸教科ハ其元基ヨリ教フベシ
一時一事

五　一歩一歩ニ進メ
全ク貫通スベシ
授業ノ目的ハ教師ノ教フル所ノ者ニ非ズ生徒ノ学ビ能フ所ノ者ナリ

六　直接ナルト間接ナルトヲ問ハズ各課必ズ生徒ノ学ビ能フ所ノ者ナリ

七　観念ヲ先ニシテ表出ヲ後ニスベシ

八　已知ヨリ未知ニ進メ
一物ヨリ一般ニ及べ
有形ヨリ無形ニ進メ
易ヨリ難ニ及べ
近ヨリ遠ニ及べ
簡ヨリ繁ニ進メ

九　先ヅ総合シ後分解スベシ

「方法ハ即教授ノ手続ニシテ左ノ如ク区分ス」

①　復習　前に授けた事実を記憶しているか。教師の「問」と、生徒の「答」。

②　教授　この時間に授くべき事項の観念を開発し、かつ、言語・文字を教えるのに必要な教師の「問」と、生徒の「答」。

③　演習　先に授けた観念と言語・文字とをいっそう明確にするための教師の「問」と、生徒の「答」。

④　約習　まとめ。すでに授けた事項の要点を語り、あるいは書かせることで、それに必要な教師の「問」と、生徒の「答」。

・「読本」の「教授法ノ区分」

(イ)　教授ヲ始ムル前ニ教師ハ、生徒ト暫時談話問答シ（若シ書中ニ図画ヲ挟ミタルコトアルトキハ之ニ就キテ問答スベシ）、生徒ヲシテ略ボ本日学ブベキ主意ヲ了解セシメ、且重要ナル文字、殊ニ生徒ノ初メテ見ル文字ヲ塗板ニ抜書シ、其読方及意義ヲ充分ニ理解セシムベシ。

(ロ)　問答及摘書ヲ為シタル後ハ、生徒ヲシテ書ヲ開カシメ、素読セシム（素読ハ可成的生徒ヲシテ為サシムベシト雖、教師時々正ク誦読シ之ニ倣ハシムルモ可ナリ）。素読セシムル時ハ各読ト斉読トヲ用ヰル。

(ハ)　素読ノ後、講義ヲ為サシム（生徒ヲシテ講ゼシムルヲ善シトスレドモ、若シ能クセザルトキハ教師正シウ之ヲ講ジ、生徒ヲシテ倣ハシムルモ可ナリ）。講義ハ各生ヲシテ交番ニ為サシム。一斉ニ講ゼシムルコトハ、甚ダ宜シカラズ。且生徒ノ講ズル訳語ハ同一ナルヲ要セズ。能ク一句一章ノ意ヲ了スレバ、毎生徒其訳語ヲ異ニスルモ不可ナシ。
1．談話問答をして、予備的な知識を与え、
2．新出の漢字を取り扱い、
3．読ませて、解釈させる。
※今日の学校でもよく見られる授業手順である

◇**「実用教育学及教授法」谷本富（１８６７～１９４６）明治27年**
ヘルバルト流五段階教授法
第一段　準備　前に教授した旧知識を喚びおこし　「認容」
第二段　提示　新しい事物の提示
第三段　織綜　比較　類同　反対の事実を示し、説話して比較して判断させる
　　　　　　　観念から概念に進む段階
第四段　統合　個々の観念から総合した概念を純正にして、これを適当な言語で表明し、記憶したり使用したりするのに便にする　「統括」
第五段　応用　新しい例を与えて、これを説明させたり、既知の知識を活用して自分で文章を書かせるなどする

2．国語科の成立　明治33年（1900）～

明治33年（1900）小学校令施行規則第二条は、

国語ハ普通ノ言語、日常須知ノ文字及文章ヲ知ラシメ正確ニ思想ヲ表彰スルノ能ヲ養ヒ兼テ智徳ヲ啓発スルヲ以テ要旨トス

と国語科の内容を規定し、ここに国語科と呼称することを始めました。これは概ね明治24年（1891）小学校教則大綱の考えを踏襲するものです。仮名、仮名遣い、漢字の範囲制限、標準や規定が始まりました。明治36年（1903）、教科書が国定となり、尋常小学校読本「イエスシ本」はカタカナ先習でした。これは昭和21年（1946）まで続きます。明治44年（1911）中学校教授要目を改正し、国語及漢文から国語講読、漢文講読、作文、文法及習字の5分科とし、現代文重視の国語教育が始まります。明治43年（1910）二回目の国定「尋常小学校読本」の改訂があり、文字から「ハタ、タコ、コマ、ハト、コトリ、タマゴ」と片仮名単語から始まるようになります。この教科書は、「ハタタコ読本」または「黒読本」と呼ばれ、大正7年（1918）尋常小学校国語読本「白読本」に引き継がれます。昭和8年（1933）の改訂教科書「サクラ読本」は、「サイタ　サイタ　サクラガサイタ」の文で始まりました。文字教育から語句教育、ここで文教育（センテンス・メソド）が始まりました。明治末年から教科書が整い、標準語を習得するとともに、話し言葉で文章を書く力を向上させる言文一致の教育が推進されました。

◇ **国定教科書**

「イエスシ本」　明治36年（1903）尋常小学校読本
言語の練習に重きを置く。第一巻の初めが「イ」、「エ」、「ス」、「シ」の片仮名であったために俗に「イエスシ本」という。

「ハタタコ本」　明治43年（1910）尋常小学校読本
文字を重んじ、童話、伝説、神話の類が多い。第一巻の初めは「ハタ」、「タコ」、「コマ」、「ハト」、「コトリ」、「タマゴ」と片仮名であったために俗にハタタコ本という。または、表紙の色が黒だったので「黒読本」ともいう。

「白読本」大正7年（1918）尋常小学校国語読本
「ハナ」、「ハト」、「マメ」、「マス」、「ミノ」、「カサ」、「カラカサ」で始まり、表紙の色で白読本という。

「サクラ読本」　昭和8年（1933）尋常小学校読本
「サイタ　サイタ　サクラガサイタ」の文で始まる読本で、俗にサクラ読本と呼ぶ。

◇ **大正初期の授業風景　藤原与一　大正7年（1918）小学校6年生**

国語の時間は読む時間であったことは多く言うまでもない。「読み方」と言われたとおりである。読めばよかった。よかったというよりも、子供たちは、読むことが精一杯であったのである。…

略
読むためには、みんな、漢字にかなをつけた。…　略　だれしもかなばかり見て読み声をあげたのだから。意味はわからないままでも、読み声をあげることができたら、その子は誇らしかった。…
略
※　藤原与一著　『子どもの習俗─生活とことば─』１９８６・９　和泉書院

大正2年（１９１３）『綴り方教授』の著者、芦田恵之助は、話し言葉で文章を書く力を向上させる綴り方を「児童の実生活よりくる必要な題目によって…　実感を綴らせる」綴り方の考えを述べています。この流れは文芸にも及び、大正7年（１９１８年）「赤い鳥」において鈴木三重吉は、「ただ見たまま、聞いたまま、考えたまま、素直に書いた文章を」と児童作品を募集しています。一方、教育界では、綴り方運動に対する反論もありました。書くことの技能が育たないという指摘ですが、生活を綴ることによる成長に重きを置くか、書くことの技能かという、今日にもつながる活発な実践研究が行われました。書くことだけでなく読むことの指導法についての研究がさかんに行われました。今日の国語科教育の原点は、明治後半から、大正、昭和初期に見ることができます。今日的な視点から当時の実践的な研究を概観すると、すぐれた文章をどのようにして深く読ませるかという教授法の研究と、作品研究に基づく読みの理論展開と言えます。

◇　芦田恵之助の述懐　『読み方教授』大正5年（１９１６）

《はじめの序文より》

余は過去に於ける余の教育思想を思ひ起こして、何とはなしに面白く思ふ。余が教員生活の25年は、外に教育方法を求めて、一途（いちず）に之（これ）を追ふのであつた。最近には、児童の内界に尊き萌芽を認めて、之を助長しようと考へてゐる。

※明治24（1891）19歳　明治26年（1893）21歳　京都市　淳風小学校勤務

《最近十年間の教授に対する回顧》本文より要約

※10年前　明治40年（1907）東京高師付属小学校勤務

・**〈最初の5年間〉**　明治40年（1907）～明治45年（1912）

教術に苦心した。児童の理解がどうこうといふよりも教授の段階を巧みに踏むことで自己満足してゐた。

・**〈最近の5年間〉**　大正元年（1912）～大正5年（1916）

教材はそれぞれ異なつた要求をもつてゐる。故に教材研究が至上であると信じ、教術は、悉（ことごと）く教材の要求によつてきまると考へた。

・**〈このころになつて〉**　大正5年（1916）　本文　910ページ

教授は、児童が自己の日常生活を解釈し、識見を高めようとする学習の態度を確立するのが第一義」と考えはじめた。教授には、教術も教材研究も共に大切。しかし、いかに五段階の教法をうまく行つても、また、教材の要求に応じた教法であつても、それが児童の日常生活を覚醒し、発動的学習態度に無効であつたら、教授は、まつたく無意味である。

◇《垣内松三》『国語の力』大正11年（1923）

形象理論の展開　読みの三段階の過程

①　文の形　　文の直観・構想の理解

②　言語の解釈　　語句の探求

③　文の理解　　内容の理解

芦田恵之助の実践報告を整理して

1．文意の直観

2．構想の理解

3．語句の探求

4．内容の理解

5．解釈より創作へ

「冬景色」（尋常小学読本第一〇巻所収）の授業における段階

1．文意

2．節意

3．句意

4．語意

5．文字と発音

※　コペルニクス的転換。それまでは、文字と発音　語意　句意　節意　文意と進めていたのに対し

て１８０度の転回である

◇ **《芦田恵之助》『教式と教壇』昭和13年（１９３５）**

七変化の教式　総合・分析・総合を行う三読法の提唱

①　よむ

②　とく　話し合い　15分

③　よむ（師）

④　かく　10分

⑤　よむ　板書事項を読む

⑥　とく　15分

⑦　よむ

※　全部を読むが３回

◇ **《西尾実》『国語国文の教育』昭和４年（１９２９）**

作品研究に基づく読みの理論　三段階の読みの過程

①　素読

②　解釈　主題・構想・叙述

③　批評

解釈における
①　主題
②　構想
③　叙述

◇**《石山脩平》『教育的解釈学』昭和10年（1935）**
解釈学に基づいて読みの指導過程
　第一段階　通読
　　1．素読　2．注解　3．文意の概観
　第二段階　精読
　　1．主題の探求・決定　2．事象の精査及び統一　3．情調の味得又は、基礎づけ
　　4．解釈的構想作用　5．形式による自証
　第三段階　味読
　　1．朗読　2．暗唱　3．感想発表
　第四段階　批評
　　1．内在的批評　2．超越的批評

またこの時期には、子どもを中心にした読み方に関する研究も行われました。読本を注入し大人本

意に授けることは、子どもの自然な読み方を損ねるとし、本をたくさん読むことをすすめ、様々な学習が総合されるべきという考えに基づいた実践が行われました。

一方また、教材や進度を自分で選ぶ独自の学習とみんなで学び合う「相互学習」を組み合わせ、よりよい成長を目指す取り組みも行われました。両者とも学ぶ側の立場から、どのように学習する力を付けていくか、という視点に立つものです。

この時代は、大正デモクラシーと言われ、自由活発な論争や実践研究が行われました。これは、どのように教材を教えるかという研究と、どのようにして子どもに学習する力を育てるかという二つの研究の流れに分けるができます。

※　この時代を浜本純逸氏は「第二期　国語科の成立　１９００年～１９４０年」と命名しています。

◇**《奥野庄太郎》『心理的読方の実際』昭和5年（１９３０）**

子供の読みの実際を心理学的に釈明　発達に即した指導

「目ばかりでなく、耳からの国語学習、さまざまな語彙豊富のための教育、童謡、劇、遊戯的学習、学級文庫、図書館学習、そうした各種の学習が綜合的に取り入れられ、それが交響楽的に行進せられるのでなければならない。」

「読本を注入的に大人本意に授けることは、児童の純粋鋭敏な生命を麻痺鈍化するばかりでなく、読方の自然な歩みを過るものである。」

◇《山路兵一》『読み方（学習態度）の段階的指導』昭和6年（1931）

学習材料と進度を児童が自由に選ぶ「独自学習」と児童の自発的な要求に基づく「一斉学習」と「相互学習」とを組み合わせた実践を報告、「読書創造」を説く。

※　内容を注入することよりも「読む力」「学習力」を育てることを目指した。

3．国民科の時代　昭和16年（1941）〜

昭和16年、国民学校令により、国民科、理数科、体錬科、芸能科の四科になりました。国語（科）は、修身・国史・地理とともに国民科の中の一科目となりました。国民科国語の目標は、

国民科国語ハ日常ノ国語ヲ習得セシメ其理解力ト発表力トヲ養ヒ国民的思考感動ヲ通ジテ国民精神ヲ涵養スルモノトス

です。「智徳ヲ啓発スルヲ以テ要旨トス」から「国民的思考感動ヲ通ジテ国民精神ヲ涵養スルモノトス」に変わります。「智徳ヲ啓発」教育から「国民精神ヲ涵養スル」国語教育への変化です。内容は、読ミ方、綴リ方、書キ方、話シ方と分かれました。この時期は敗戦により終わります。

※　この時代を浜本純逸氏は「第三期　国民科国語の時代　1941年〜1945年」と命名しています。

４．戦後教育の出発　昭和21年（１９４６）～

昭和22年（１９４７）教育基本法、学校教育法の施行により、６・３・３制の戦後教育が出発します。学校教育法に基づき、生活に必要な国語力の育成と文芸等を理解するための基礎的な理解と技能を養うことを内容とする国語科教育が始まりました。この年、石森延男によって編集された教科書は、国家主義的な内容を一新し、「みんないいこ読本」と呼ばれるひらがな先習の教科書になりました。年末には、試案という形で第一次小学校学習指導要領が発表されました。言葉は、社会生活を営む上で欠くことのできないものと捉え、その能力を活動（経験）を通して発達させようとしました。「聞く、話す、読む、書く」という言語活動を総合して学ぶ単元学習を追究しました。この後、単元学習では、国語の能力がつかないという声を受けて、学習指導要領の改訂を通して、次第に言語能力を養う指導の流れができていきます。読むことにおいては、盛んに読解指導が行われました。

※　この時代を浜本純逸氏は「言語活動の時代　１９４６年~１９７６年」と命名しています。

◇《石森延男》　**第６期国定教科書　昭和22年（１９４７）~ 昭和25年（１９５０）**

「みんないいこ読本」　ひらがな先習

おはなをかざる　みんないいこ
きれいなことば　みんないいこ

なかよしこよし　　みんないいこ

◇**小学校学習指導要領国語科編試案　昭和22年（1947）**

国語科学習の目標は、児童生徒に対して、聞くこと、話すこと、読むこと、つづることによって、あらゆる環境におけることばの使い方に熟達させるような経験を与えることである。

昭和26年（1951）第二次学習指導要領試案　能力表を領域別学年別に提示

昭和33年（1958）第三次学習指導要領　技術革新の時代の系統的言語指導

昭和43年（1968）第四次学習指導要領　情報化時代に対応する思考力の育成及び読書指導

《輿水　実》昭和23年（1948）『国語のコースオブスタデー』

《倉澤栄吉》昭和24年（1949）『国語単元学習と評価法』

《篠原利一》昭和24年（1949）『新しい国語教育の方向』

《国分一太郎》昭和26年（1951）『新しい綴方教室』　生活綴り方の復活

◇**《輿水実》『国語教育の科学化』昭38年（1963）**

個人的、主観的な国語教育から実証的、研究的、科学的国語教育でなくてはならないとし、誰にでも通じる一般的、法則的なものを求めていく国語教育の方向性を示した。

5．言語の教育の時代　昭和52年（1977）～

昭和52年告示の第五次学習指導要領は、「国語を正確に理解し表現する能力を養うとともに、国語に対する関心を深め、言語感覚を養い、国語を尊重する態度を育てるを目標とし、「言語事項」と「A　表現」「B　理解」の一事項二領域に内容の構成を変えました。これまでの経験的、言語活動を通して学ぶことから、国語教育は言語の教育であるとし、教師が意図的計画的に、国語を正確に理解し表現する言語能力を付けていく教育への転換を図りました。これは、戦後の国語科教育の終焉といえるものです。

平成元年（1989）の第六次学習指導要領は、豊かな社会の実現により、新しい学力観を掲げました。それは、

①　自ら学ぶ意欲
②　社会の変化に主体的に対応できる能力の育成
③　基礎的・基本的な内容の指導の徹底
④　個性を生かす教育

等、を内容とするものです。社会は物質的に豊かになり、進学率も上がりました。さらなる発展には、豊かさの中で一人一人が主体的に生き、人生80年を通して学ぶことのできる生涯学習の基礎を培うことが求められたのです。このような社会の要請に、国語科の目標を、

国語を正確に理解し適切に表現する能力を育てるとともに、思考力や想像力及び言語感覚を養い、国

語に対する関心を深め国語を尊重する態度を育てるとしました。基底となる能力として新たに「思考力」、「想像力」を加えました。国語の知識や技能を習得させるだけでなく、考える力や想像する力を養うことを目的に加えます。自ら学び主体的に生き、生涯に渡って学習し、個性を伸長し、よりよく自己実現するための礎となる確かな学力を養うことが求められました。

※　この時代を浜本純逸氏は「言語能力主義の時代　１９７７年〜２００３年」と命名しています。

◇**《大村はま》「大村はま国語教室」昭和57年（１９８２）**
　１９５０年代の単元学習に対して新単元学習を展開
○生徒一人一人が興味を持ち力を発揮して学習
○聞く・話す・読む・書くを総合した単元学習
○学ぶ力をつける。方法や活動を教える。学力を生きる力ととらえる。

6．言語活動の時代　平成14年（２００２）〜

(1)　ゆとり教育の出発

平成14年より実施の第七次学習指導要領は、教育の理念を「生きる力」の育成とした歴史的な大改訂でし

た。「生きる力」をこれからの社会で必要な資質能力と考え、新たな一歩を踏み出したものです。生きる力とは、

〇自ら学び、自ら考え、主体的に判断し、行動し、よりよく問題を解決する能力
〇自らを律しつつ、他人と協調し、他人を思いやる心や感動する心などの、豊かな人間性
〇たくましく生きるための健康や体力

と定義しました。「生きる力」を育むためには、ゆとりが必要であるとし、学校五日制を実施しました。学校は、「知育中心」から「自ら学び、自ら考える教育」への転換を図りました。課題をもって学ぶ時間として、新しく総合的な学習の時間が、小学校中学年から、中学校、高等学校において始まりました。そのために授業時数は、小学校は５７８５時間から５３６７時間に、中学校は３１５０時間から２９４０時間に減ることとなり、国語科の時間数も縮減されました。「自ら学び、自ら考える教育」を具現化するものとして言語活動が例示されました。また、「話すこと・聞くこと」が新領域として取り出され、次のように、「伝え合う力」の育成が目標に加えられました。

国語を適切に表現し正確に理解する能力を育成し、伝え合う力を高めるとともに、思考力や想像力及び言語感覚を養い、国語に対する関心を深め国語を尊重する態度を育てる。

また、読書活動に関わる内容が具体的に取り入れられます。国語科以外の全ての教科領域でも教育内容を変える大変革でしたが、その年には、「２００２年問題」として学力問題が大きな騒ぎとなります。約3割もの時間数の削減や学習内容の縮減によって、学力が低下しないかという不安。私立学校の多くが学校五日制を採用しなかったことなどからの公立との格差不安。これらの懐疑から中学校受験に拍車がかか

る始末です。翌年の12月には、当時の文部科学大臣は、学習指導要領は最低基準との見解を示し、実施直後に内容の一部を改訂する次第になりました。２００４年以降、各校は、授業時数の確保に苦心します。その後の国際学力調査の結果も思わしくなく、総合的な学習の時間についての考えもいろいろとあり、教師を戸惑わせました。ゆとりが以前より無くなったという声も聞こえ始めました。

◇　**２００２年問題**

学習内容の削減について大手学習塾が大々的に「円周率が〝3〟と教えられる」、「学習内容が3割減らされる」等と宣伝し、社会全体に波紋を起こした。学ぶ内容が減って基礎学力が定着しない等の論争が起こった。実際に学習指導要領の告示された１９９８年12月の直後から、教育現場からも学力低下の懸念の声が上がり、そうした声に応える形で、当時の遠山敦子文部科学大臣が少人数授業や習熟度別指導を推奨する「学びのすすめ」を発表した。これを機に、授業の減少分を埋め合わせようと、始業前計算ドリルの活用や読書が始まった。塾に入る低年齢化も進み、ある塾では、小学一年生を対象として教室を設けた。

(2)　ゆとり教育への戸惑い

平成14年の「生きる力」の理念の下の教育改革は、国語の知識を教える授業から、自ら学ぶ学習へ、子どもが課題を見つける力を育て、課題に主体的に取り組み、自ら問題を解決できる力を培う授業への転換が必要でした。しかし、言語活動を中心とした単元学習をどのようにするか、新しい領域である「話すこと・聞くこと」、「伝え合う力」の指導をどうするのか、国語科と読書活動、国語科と総合的な学習にかかわる指導をどう構想するか、減らされた授業時間で単元をじっくりと研究したり試行錯誤したりするゆとりがなかったといえます。

教育界全体の関心は、国語科より総合的な学習の時間に集まりました。研究発表も総合的な学習の時間が圧倒的に多く、教科に関する研究発表が少なくなりました。なぜなら、総合的な学習の時間は、学習指導要領に内容の例示がなく、各学校によるそれぞれの特徴を生かした取り組みが求められていたからです。さらに、「２００２年問題」やＰＩＳＡの学力テストの結果公表、先に挙げたような学習指導要領の一部改訂、文部科学大臣の通達や内容の修正により現場の混乱は増幅します。また、「生きる力」の理念について教師の理解不足も否めません。中には、むしろ教えるべきことを躊躇することも起きました。

例えば、２年生に「きつねのおきゃくさま」という文学教材があります。きつねが食べようと思っていたひよこやあひる、うさぎに、「やさしいお兄ちゃん」「親切なきつね」「かみさまみたい」と言われて、うっとりして気絶しそうになるのです。この後、きつねは、ひよこたちを食べようとしてやってきたオオカミと戦って、「はずかしそうにわらって死ぬ」という粗筋です。授業の目的は、きつねが、ひよことあひるとうさぎに、「かみさまみたい」といわれ、うっとりして気絶しそうになった気持ちを想像することです。それぞれの会話の文を確認し、ひよこやあひる、うさぎ、きつね役を決めて会話を音読して動作化します。きつね役には言葉はありませんが、子どもは、「うっとりしてきぜつしそうになった」という言葉をイメージして、演技をします。それぞれが物語の役になりきって楽しみます。最後に、気絶しそうになったきつねの気持ちを吹き出しに書いて、発表して授業が終わります。

一見活発に学習をしているように見えますが、教師の指示に従って、子どもは、自分のイメージを動作化したり、会話や吹き出しに表現したりする活動を楽しんでいるだけです。授業の目的は、「かみさまみたい」と言われ、「うっとりしてきぜつしそうになった」きつねの気持ちを想像することです。動作化、吹き出しという活動がどのように、本時の目的とつながるのでしょうか。「かみさまみたい」「うっとり」「きぜつしそうになった」等の「語句、文、文章」を意識し、それぞれのイメージを交流し、きつねの気持ちをしっかりと想像して考えることが必要です。活動をするだけでは、言葉の学びにはなりません。活動によって読むことを触発させたり、読むことで活動を引き出したりする教師の指導が不可欠です。「○○しなさい。」「△△しましょう。」では、新しく国語の力を付けたことにはなりません。目標を明確にし、言語活動ができるように教えるべきことは教え、言語活動を通して、確かな言葉の力を会得することが大切です。平成14年の「生きる力」の理念の下の教育改革は、コペルニクス的な大改革でしたが、ともすると理念が優先し、現場では先に挙げた授業のように乖離（かいり）し、また、保護者や社会全体の共通理解が十分ではありませんでした。

7．再チャレンジ　平成22年（2010）～

平成18年（2006）12月教育基本法が約60年を経て初めて改正されました。その第二条に新たに教育の目標が規定される等、21世紀を切り開く心豊かでたくましい日本人の育成を目指す観点から、新しい理念が定められました。また、平成19年（2007）6月の学校教育法の一部改正では、義務教育の目標が規定されるとともに、各学校段階での目的・目標規定が改正されました。

これらの規定は、今までの個人の尊重、正義と責任などに加え、新たに公共の精神、生命や自然を尊重する態度、伝統や文化を尊重し、我が国と郷土を愛するとともに、国際社会の平和と発展に寄与する態度を養うことを内容としています。平成19年、中央教育審議会教育課程部会は、この趣旨を学習指導要領の改訂に生かし、併せて「生きる力」を育む基本理念は、今後も継承し、「生きる力」の理念を実現するためには、学校現場での課題を踏まえ、指導面等の具体的な手立ての確立が必要であると答申しました。

（「教育課程部会におけるこれまでの審議のまとめ」平成19．11．７）

これを受けて、平成20年（２００８）３月、第八次学習指導要領が告示されました。学習指導要領の冒頭に、「教育基本法」と「学校教育法」（抄）、「学校教育法施行規則」（抄）が掲げられました。伝統文化、道徳教育、体験活動、環境教育に関わる内容の充実が図られました。また、生きる力は、中教審の答申により、

○基礎・基本を確実に身に付け、いかに社会が変化しようと、自分で課題を見つけ、自ら学び、自ら考え、主体的に判断し、行動し、よりよく問題を解決する資質や能力

○自らを律しつつ、他人とともに協調し、他人を思いやる心や感動する心などの豊かな人間性

○たくましく生きるための健康や体力　など

と、理念を共有し直し、基礎的・基本的な知識・技能の習得、思考力・判断力・表現力等の育成に努めました。この他、授業時数の確保、学習意欲の向上や学習習慣の形成、豊かな心や健やかな体の育成のための指導の充実を目指し、言語活動を重視し、理数教育の充実と新たに伝統や文化に関する教育の充実に取

り組みました。

国語科教育では、三領域の構成を引き継ぎ、言語活動例を「内容の扱い」から「内容」に移行しました。「言語事項」を「伝統的な言語文化と国語の特質に関する事項」に改めました。また、各領域では、言語力の育成を図り、書いたことや読んだことを交流し考えを形成することなどの指導内容を新設しました。PISAが求める主要能力（キーコンピテンシー）が、国語科の内容の中に取り入れられ、併せて指導の内容と方法をより具体的に示しました。平成23年（2011）から指導要領が完全実施され、改めて、「生きる力」の育成を理念とする国語科の授業改善に再びチャレンジをしました。

平成28年（2016）、幼・小・中・高・特別支援学校の学習指導要領等の改善及び必要な方策について（中教審答申）を受けて、平成29年3月、小学校学習指導要領が改正されました。これは、令和2年（2020）から施行されました。前回の改訂において「生きる力」を育むことの重要性が認識されましたが、今回の改訂はこれを引き継ぎ、生きる力を育む各学校の特色ある教育活動の展開を求めています。

時代の情報化やグローバル化といった社会の変化は人間の予測を超えて加速度的に進展しています。複雑で予測困難な時代だからこそ、主体的に生きる力が求められます。他者と協働しながら自身の可能性を発達させることが大切です。よりよい社会や自分の人生を切り拓く力を育むことが重要です。この力は、今まで目指してきた「生きる力」そのものです。時代の加速度的な変化により、改めて「生きる力」の意義を捉え直し、各学校の創意工夫を生かした特色ある教育活動を通して、確かな学力、豊かな心、健やかな体を目指すことを示しています。

◇　**教育法規の改正**

教育基本法　平成18年12月22日法律第１２０号

第一章　教育の目的及び理念

（教育の目的）

第一条　教育は、人格の完成を目指し、平和で民主的な国家及び社会の形成者として必要な資質を備えた心身ともに健康な国民の育成を期して行われなければならない。

（教育の目標）

第二条　教育は、その目的を実現するため、学問の自由を尊重しつつ、次に掲げる目標を達成するよう行われるものとする。

一　幅広い知識と教養を身に付け、真理を求める態度を養い、豊かな情操と道徳心を培うとともに、健やかな身体を養うこと。

二　個人の価値を尊重して、その能力を伸ばし、創造性を培い、自主及び自律の精神を養うとともに、職業及び生活との関連を重視し、勤労を重んずる態度を養うこと。

三　正義と責任、男女の平等、自他の敬愛と協力を重んずるとともに、公共の精神に基づき、主体的に社会の形成に参画し、その発展に寄与する態度を養うこと。

四　生命を尊び、自然を大切にし、環境の保全に寄与する態度を養うこと。

五　伝統と文化を尊重し、それらをはぐくんできた我が国と郷土を愛するとともに、他国を尊重し、国際社会の平和と発展に寄与する態度を養うこと。

学校教育法　平成19年6月27日

第二一条　義務教育として行われる普通教育は、教育基本法（平成18年法律第１２０号）第5条第2項に規定する目的を実現するため、次に掲げる目標を達成するよう行われるものとする。

一　学校内外における社会的活動を促進し、自主、自律及び協同の精神、規範意識、公正な判断力並びに公共の精神に基づき主体的に社会の形成に参画し、その発展に寄与する態度を養うこと。

二　学校内外における自然体験活動を促進し、生命及び自然を尊重する精神並びに環境の保全に寄与する態度を養うこと。

三　我が国と郷土の現状と歴史について、正しい理解に導き、伝統と文化を尊重し、それらをはぐくんできた我が国と郷土を愛する態度を養うとともに、進んで外国の文化の理解を通じて、他国を尊重し、国際社会の平和と発展に寄与する態度を養うこと。

四　家族と家庭の役割、生活に必要な衣、食、住、情報、産業その他の事項について基礎的な理解と技能を養うこと。

五　読書に親しませ、生活に必要な国語を正しく理解し、使用する基礎的な能力を養うこと。

六　生活に必要な数量的な関係を正しく理解し、処理する基礎的な能力を養うこと。

七　生活にかかわる自然現象について、観察及び実験を通じて、科学的に理解し、処理する基礎的な能力を養うこと。

八　健康、安全で幸福な生活のために必要な習慣を養うとともに、運動を通じて体力を養い、心身の調和的発達を図ること。

九　生活を明るく豊かにする音楽、美術、文芸その他の芸術について基礎的な理解と技能を養うこと。

十　職業についての基礎的な知識と技能、勤労を重んずる態度及び個性に応じて将来の進路を選択する能力を養うこと。

（傍線は筆者による）

※　国語科に関わる目標は五及び九の生活を明るく豊かにする「文芸」についての基礎的な理解と技能を養うことである。

学校教育法施行規則　平成29年4月1日公布改正（更新）

第五一条　小学校の各学年における各教科、道徳、外国語活動、総合的な学習の時間及び特別活動のそれぞれの授業時数並びに各学年におけるこれらの総授業時数は、別表第一に定める授業時数を標準とする。

第五二条　小学校の教育課程については、この節に定めるもののほか、教育課程の基準として文部科学大臣が別に公示する小学校学習指導要領によるものとする。

《研究と討議のための課題》

三　初等国語科教育の変遷を調べ、国語教育のあるべき方向について、自分の考えをまとめてみましょう。

四　再チャレンジとは、何にどのように取り組むのか。これから目指す国語教育について考えてみましょう。

第三章　国語科教育の構造

1．学習指導要領

(1)　第九次国語科学習指導要領改善告示までの経過

戦後、国語科は、「国語科学習の目標は、児童生徒に対して、聞くこと、話すこと、読むこと、つづることによって、あらゆる環境における言葉の使い方に熟達させるような経験を与えることである。」（小学校学習指導要領国語科編試案、１９４７年）という考えにより出発しています。言葉を社会生活の手段と捉え、そのための能力を活動（経験）を通して発達させようとしました。この目標を具現化するために「聞く」、「話す」、「読む」、「書く」という言語活動を組織して、豊かな言語経験をさせる学習を追求し、話すこと、聞くこと、読むこと、書くことの言語活動を総合し、一つの主題のもとに展開される単元学習に取り組みました。

この単元学習は、１９７７（昭和52）年第五次学習指導要領告示により大きく転換します。「国語を正確に理解し表現する能力を養うとともに、国語に対する関心を深め、言語感覚を養い、国語を尊重する態度を育てる」という考えにより、内容は、言語事項、Ａ　表現、Ｂ　理解の一事項二領域に整理されました。経験を与えることを中心にした国語科教育から言語能力を育成する国語科教育へ質的な転換がなされ、「なすことによって学ぶ」戦後の国語科教育が終焉します。これ以後、経験的な学習では、国語の能力がつかないという反省のもとに、教師は、教材を研究し、そこから教えるべき価値を引き出し、それをいかに教えるかを追究しました。教師の教材研究は、「どのような」言語能力を「どのように」つけるかという考えのもとで授業研究が行われました。その後、この教育は、偏差値教育として批判され次の時代を迎えます。

１９９８（平成10）年告示の学習指導要領より、国語科は、「A　表現」、「B　理解」から、「A　話すこと・聞くこと」を取り出し、「B　書くこと」、「C　読むこと」の三領域一言語事項に構成を変えます。「伝え合う力」の育成が国語の目標に加わり、「生きる力」を中心としたいわゆる「ゆとり教育」が学校五日制の実施とともに始まりました。中央教育審議会は、「生きる力」を、

・自分で課題を見つけ、自ら学び、自ら考え、主体的に判断し、行動し、よりよく問題を解決する能力
・自らを律しつつ、他人と協調し、他人を思いやる心や感動する心など豊かな人間性
・たくましく生きるための健康と体力

と定義し、「主体的な思考力」「判断力」「創造性や表現力」「自尊感情や自己抑制力」「社会性や豊かな感性」「心身の健康」「たくましい体力」の育成をすることを基本的な理念としました。

指導内容と言語活動との密接な関連を図り、子どもの主体的な学習活動を促しながら学習の効果を上げ

るために、三領域ごとに言語活動例を示しました。目的意識や相手意識を持った言語活動を通して内容の一層の定着を目指しました。

時数の削減で5、6学年は、175時間となりましたが、「書くこと55」、「話すこと・聞くこと25」、「書写30」と時間数が決められています。読むことの時間は、総時間から110時間を減じた65時間程度です。文学的な教材と説明的な教材を学期にそれぞれ一教材を取り扱うことで精一杯の時間です。それにより指導内容を重点化し、音読は低・中学年、段落相互の関係は中学年、人物の気持ちの読み取りは高学年で重点的に取り扱うようにしました。詳細な読解に偏りがちであった指導を改める一方、各学年の指導において、自分の考えを持ち、論理的に意見を述べる力、目的や場面などに応じて適切に表現する能力、目的に応じて適切に読み取る能力、読書に親しむ態度の育成等に取り組みました。

この一方で、基礎・基本の徹底を図り、各領域を統合した単元学習や読書単元に対応をしなくてはなりません。また、指導内容が2学年ずつまとめて示されましたので、その分、子どもの実態に合ったより細かな重点的な指導が必要でした。

このような国語科教育の大転換でしたが、指導する側の研究をする間もなく、「2002年問題」といわれる学力低下論争が起きました。OECDが実施しているPISAの「読解力」調査の結果、読解リテラシーは、2000年が8位、2003年は14位、2006年には15位という結果が論争に火をつけました。この間、文部科学省は、学習指導要領は最低基準として授業時数の確保を促したり（2003年12月）、「読解力向上プロラム」（2005年12月）を作成して「授業のモデル」を示したりしました。また、教員の指導力の向上を図るための必須の研修が各地域で実施されたり、10年ごとに教員免許を更新する制度を法制化したりしました。しかし、「生きる力」を中核とした教育施策と現場との乖離は否めず、家庭や社会の理解も十分得られないまま、現場の実践研究は、ともすると総合的な学習の時間の扱いに重点を置かざるを得ませんでした。

２００８（平成20）年、第八次学習指導要領はこのような状況下で告示されました。これは「生きる力」を育む教育を基本的に引き継ぎ、知識基盤社会に生きる力の育成に取り組むものでした。国語科の「B　書くこと」「C　読むこと」の領域に、自分の考えをつくることや書いたり読んだりしたことを交流する事項が指導内容に加わり、読書についても本や文章を選択することの指導事項も明記されました。教科書以外の資料の活用も内容に入りました。これらは、ＯＥＣＤが知識基盤社会に必要と考える主要能力（キーコンピテンシー）を取り入れたものです。

２０１７（平成29）年３月、第九次小学校学習指導要領が告示されました。改めて予測不能な変化の時代に「生きる力」を捉え直し、知・徳・体のバランスのとれた教育を目指します。子どもの発達段階や特性を踏まえつつ、次の資質・能力を三本柱として偏りのない実現を求めています。

①　知識及び技能が習得されるようにすること
②　思考力、判断力、表現力等を育成すること
③　学びに向かう力、人間性を涵養すること

この学習指導要領は、２０２０（令和２）年に全面実施されました。第八次学習指導要領（２００８年、平成20）で育成を目指した「確かな学力」三点

①　基礎的・基本的な知識及び技能の習得

②　知識・技能を活用して課題を解決するのに必要な思考力、判断力、表現力等

③　学ぶ意欲（主体的に学習に取り組む態度の涵養）

を継承しつつ、

④　個性を生かし多様な人々との協働を促す

ことを四点目に加えています。これは、自分のよさや可能性を認識し、個性を生かしつつ、多様な他者を価値ある存在として尊重し、「協働」して様々な課題を解決していく力です。

国語教育約150年の歴史を踏まえ、今、社会の変化に適応した国語科教育に取り組みます。それは「主体的・対話的で深い学び」の実現です。このための授業改善に取り組まなくてはなりません。国語科の指導を通して、「知識及び技能の習得」、「思考力、判断力、表現力等」を育成し、「学びに向かう力、人間性等」を涵養することが求められます。今までの実践を継承し発展させることが重要です。何を、どこを止揚するのか、多様な言語活動を組み合わせ、言葉による見方・考え方を働かせることが大切です。特に「深い学び」の実現には、対象と言葉、言葉と言葉との関係、言葉の意味、働き、使い方等に着目し、考え、想像し、感じ、表すことの言語活動が欠かせません。つまり、「話すこと・聞くこと」、「書くこと」、「読むこと」を連環、環流させる学びの実現に努めなくてはなりません。

求められる国語科教育とは、言語活動を通して自ら学び、国語の知識や技能を習得し、思考力、想像力、表現力を伸ばし、読書等を通して探求し、学びに向かう力、人間性等を涵養することです。習得・活用・探求・相互評価・自己評価という学びの過程の通して、言葉による見方・考え方を働かせ、語彙、言葉の特徴や使い方等の「知識及び技能」や「思考力、判断力、表現力等」を身に付けることです。指導の重点

は、〝いかにして教えるか〟ではなく、〝いかにして学ばせるか。〟です。それには、一人一人に言語活動の方法と見通しを具体的に教えることが必要です。言語活動を通して基礎的、基本的な知識・技能を習得し、思考力、判断力、表現力を引き出し自己評価力をつけることが大切です。自ら取り組み、試行錯誤し、これを乗り越える「主体的・対話的で深い学び」の実現に向けた授業改善に取り組まなくてはなりません。

◇**国際学習到達度調査（PIZA=Programme for International Student Assesment）**

義務教育で習得した知識を実生活に生かす力を問う調査。実施は3年に1度。世界の標準値を500点と設定し、偏差値化した得点で国・地域ごとに比較できる。2000年に第1回目の調査を実施。以後3年ごとのサイクルで調査を継続し、2018年調査は第7サイクルにあたる。各調査は、読解力、数学的リテラシー、科学的リテラシーの順序で重点的に調べ、他の二つの分野については概括的な状況を調べる。2000年、2009年、2018年の中心分野が「読解力」である。

2018年、第7サイクル「読解力」では、79か国・地域、約60万人の生徒を対象に調査を実施。日本では、全国の183校（学科）、約6，100人の高校1年生が参加。

◇**PIZA　読解力の成績の推移**

2000年8位、2003年14位、2006年15位、2009年8位、2012年4位、2015年8位。2018年15位。日本の読解力は03年調査で8位から14位に転落し、「PISAショック」と呼ばれて、学習内容を減らした「ゆとり教育」の見直しにつながった。以来、読解力の向上は大きな課題である。今回の結果については、文科省は「根拠を示して考える力に課題があると指摘。情報の真偽を見極める力などを測る新たな出題の正答率が低い等。」と指摘している。

◇　読解力の定義

読解力とは、自らの目標を達成し、自らの知識と可能性を発達させ、社会に参加するために、テキストを理解し、利用し、評価し、熟考し、これに取り組むこと。

◇　知識基盤社会

新しい知識・情報・技術が社会のあらゆる領域での活動基盤として重要性を増す「競争と共生」の社会である。大量の情報が瞬時に伝わり、知識・技術は猛烈な勢いで深化し「競争」を繰り広げる。一方で、環境、食料等の問題は、一国では解決できず「共存・協力」が必要となる。それが知識基盤社会であり、「生きる力」の育成が求められる。

◇　ＰＩＳＡの調査で測定したのは、次の三つの側面　２００９年調査

(1)「情報のへのアクセス・取り出し」…情報を見つけ出し、選び出し、集める
(2)「統合・解釈」…テキストの中の異なる部分の関係を理解し、推論によりテキストの意味を理解する
(3)「熟考・評価」…テキストと自らの知識や経験を関連付けたり、テキストの情報と外部からの

知識を関連付けたりしながら、テキストについて判断する

◇**生きる力**　「教育課程部会におけるこれまでの審議のまとめ」

中央教育審議会教育課程部会　平成19年11月7日

○基礎基本を確実に身につけ、いかに社会が変化しようと、自ら学び、自ら考え主体的に判断し、行動し、よりよく問題を解決していく資質や能力

○自らを律しつつ、他人とともに協調し、他人を思いやる心や感動する心などの豊かな人間性

○たくましく生きるための健康や体力　など

◇**標準時数の推移**

学校教育法施行規則第51条「別表第一」により定める標準時数

	1998年（平成10）	2008年（平成20）	2017年（平成29）
第1学年	272時間	306時間	306時間
第2学年	280時間	315時間	315時間
第3学年	235時間	245時間	245時間
第4学年	235時間	245時間	245時間
第5学年	180時間	175時間	175時間
第6学年	175時間	175時間	175時間

(2) 学習指導要領

〈改訂のポイント〉

学習指導要領は、文部科学大臣が学校教育法施行規則（２０１７年、平成29）を改正し、教育課程の基準として告知したものです。改訂のポイントです。

○　語感を磨き語彙を豊かにする指導の改善
○　論理的な思考力につながる情報の取り扱い方に関する事項の新設
○　学習過程の一層の明確化と「考えの形成」の重視
○　言語文化に関する指導の充実

① 目標

目標

言葉による見方・考え方を働かせ、言語活動を通して、国語で正確に理解し適切に表現する資質・能力を次のとおり育成することを目指す。

(1) 日常生活に必要な国語について、その特質を理解し適切に使うことができるようにする。
(2) 日常生活における人との関わりの中で伝え合う力を高め、思考力や想像力を養う。
(3) 言葉がもつよさを認識するとともに、言語感覚を養い、国語の大切さを自覚し、国語を尊重してその能力の向上を図る態度を養う。

国語科は、国語で理解し表現する言語能力を育成する教科であることを示しています。また、「言葉による見方、考え方を働かせ」とは、言葉を通した理解、表現する力であり、言葉そのものを学習対象とすることです。国語科における「主体的・対話的で深い学び」は、言語活動を通して実現しなくてはなりません。(1)は主として「知識及び技能」に関する目標であり、(2)主として「思考力、判断力、表現力等」に関する目標です。(3)は主として「学びに向かう力、人間性等」に関する目標です。

学年目標

〔第1学年及び第2学年〕

(1)　日常生活に必要な国語の知識や技能を身に付けるとともに、我が国の言語文化に親しんだり理解したりすることができるようにする。

(2)　順序立てて考える力や感じたり想像したりする力を養い、日常生活における人との関わりの中で伝え合う力を高め、自分の思いや考えをもつことができるようにする。

(3)　言葉がもつよさを感じるとともに、楽しんで読書をし、国語を大切にして、思いや考えを伝え合おうとする態度を養う。

〔第3学年及び第4学年〕

(1)　日常生活に必要な国語の知識や技能を身に付けるとともに、我が国の言語文化に親しんだり理解したりすることができるようにする。

(2)　筋道立てて考える力や豊かに感じたり想像したりする力を養い、日常生活における人との関わりの中で伝え合う力を高め、自分の思いや考えをまとめることができるようにする。

(3) 言葉がもつよさに気付くとともに、幅広く読書をし、国語を大切にして、思いや考えを伝え合おうとする態度を養う。

〔第5学年及び第6学年〕

(1) 日常生活に必要な国語の知識や技能を身に付けるとともに、我が国の言語文化に親しんだり理解したりすることができるようにする。

(2) 筋道立てて考える力や豊かに感じたり想像したりする力を養い、日常生活における人との関わりの中で伝え合う力を高め、自分の思いや考えを広げることができるようにする。

(3) 言葉がもつよさを認識するとともに、進んで読書をし、国語の大切さを自覚して、思いや考えを伝え合おうとする態度を養う。

二学年のまとまりで、(1)は主として「知識及び技能」に関する目標、(2)主として「思考力、判断力、表現力等」に関する目標、(3)は主として「学びに向かう力、人間性等」に関する目標を示している。

② 内容

各学年の内容は、二学年のまとまりで示しています。これまでの「話すこと・聞くこと」「書くこと」「読むこと」の三領域及び〔伝統文化と国語の特質に関する事項〕の内容を、〔知識及び技能〕及び〔思考力、判断力、表現力等〕の構成で示しています。新たに加えた事項や内容など、主な改善点は次の通りです。

〔知識及び技能〕

(1)　言葉の特徴や使い方に関する事項

ア　言葉には、事物の内容を表す働きや、経験したことを伝える働きがあることに気付くこと。(低)

ア　言葉には、考えたことや思ったことを表す働きがあることに気付くこと。(中)

ア　言葉には、相手とのつながりをつくる働きがあることに気付くこと。(高)

新たに第五学年及び第六学年の事項を新設し、言葉の働きに関する事項の指導を系統的に示しています。

オ　身近なことを表す語句の量を増し、話や文章の中で使うとともに、言葉には意味による語句のまとまりがあることに気付き、語彙を豊かにすること。(低)

オ　様子や行動、気持ちや性格を表す語句の量を増し、話や文章の中で使うとともに、言葉には性質や役割による語句のまとまりがあることを理解し、語彙を豊かにすること。(中)

オ　思考に関わる語句の量を増し、話や文章の中で使うとともに、語句と語句との関係、語句の構成や変化について理解し、語彙を豊かにすること。また、語感や言葉の使い方に対する感覚を意識して、語や語句を使うこと。(高)

語彙を豊かにする事項です。語句の量を増やすことと、語句のまとまりや関係、変化について理解することの二つで構成しています。「身近なことを表す語句」「様子や行動、気持ちや性格を表す語句」「様子や行動、気持ちや性格を表す語句」など、各学年の指導の重点を示している。それらの語句を話や文章の中で使うとともに、語句のまとまりや関係、構成や変化について理解することにより、語彙を豊かにする事項を系統的に示しています。

(2) 情報の扱い方に関する事項

ア　共通、相違、事柄の順序など情報と情報との関係について理解すること。（低）
ア　考えとそれを支える理由や事例、全体と中心など情報と情報との関係について理解すること。（中）
イ　比較や分類の仕方、必要な語句などの書き留め方、引用の仕方や出典の示し方、辞書や事典の使い方を理解し使うこと。（中）
ア　原因と結果など情報と情報との関係について理解すること。（高）
イ　情報と情報との関係付けの仕方、図などによる語句と語句との関係の表し方を理解し使うこと。（高）

急速に情報化が進展する社会に対応する資質・能力の育成に向けて、「情報の扱い方に関する事項」を新設しています。アは情報と情報との関係に関する事項（全学年）であり、イは情報整理に関する事項（中・高）です。情報の扱い方の指導の系統を示しています。

(3) 我が国の言語文化に関する事項

イ　長く親しまれている言葉遊びを通して、言葉の豊かさに気付くこと。（低）
イ　長い間使われてきたことわざや慣用句、故事成語などの意味を知り、使うこと。（中）
イ　古典について解説した文章を読んだり作品の内容の大体を知ったりすることを通して、昔の人のも

のの見方や感じ方を知ること。（高）

エ　読書に親しみ、いろいろな本があることを知ること。（低）

オ　幅広く読書に親しみ、読書が、必要な知識や情報を得ることに役立つことに気付くこと。（中）

オ　日常的に読書に親しみ、読書が、自分の考えを広げることに役立つことに気付くこと。（高）

「伝統的な言語文化」「言葉の由来や変化」「書写」「読書に関する内容」を「我が国の言語文化に関する事項」として整理しています。例えば読書の扱いを整理したり「伝統的な言語文化」に関する新しい内容(イ)を低学年に加えたりしています。

〔思考力、判断力、表現力等〕

文化審議会答申「これからの時代に求められる国語力について」（平成16）を踏まえ、国語力の中核としての「考える力」「感じる力」「想像する力「表す力」が具体的に発現したものが「話すこと」「聞くこと」「書くこと」「読むこ」の行為であるという考えに基づき、構成を見直し、学習過程を整理していると考えられます。考えの形成に関する指導事項を重視しています。

(1)　**A話すこと・聞くこと**

学習過程に沿って構成している。

○　話題の設定、情報の収集、内容の検討

○　構成の検討、考えの形成（話すこと）

○　表現、共有（話すこと）

○　構造と内容の把握、精査・解釈、考えの形成、共有（話し合うこと）

このうち、「話題の設定、情報の収集、内容の検討」については、話すこと、聞くこと、話し合うことに共通する指導事項である。

(2)　B書くこと

学習過程に沿って構成している。

○　題材の設定、情報の収集、内容の検討

○　構成の検討

○　考えの形成

○　共有

(3)　C読むこと

学習過程に沿って構成している。

○　構造と内容の把握

○　精査・解釈

○　考えの形成

○　共有

「読むこと」の領域では、これまでの叙述を基に捉える学習過程を文章の中の複数の情報を結び付けたり文章に書かれていないことを想像したりして解釈する学習過程として、「構造内容の把握」と「精査・解釈」の項目に分けています。

③　学習指導の改善・充実

指導計画の作成と内容の取扱いで改善・充実した事項は次の通りです。

⑴　主体的対話的で深い学び

主体的、対話的で深い学びの実現の視点からの授業改善を求めています。また、日常の言語活動の視点に関する指導事項を示しています。

1⑴　単元など内容や時間のまとまりを見通して、その中で育む資質・能力の育成に向けて、児童の主体的・対話的で深い学びの実現を図るようにすること。その際、言葉による見方・考え方を働かせ、言語活動を通して、言葉の特徴や使い方などを理解して、自分の思いや考えを深める学習が充実するようにすること。

2⑴ア日常の言語活動を振り返ることなどを通して、児童が、実際に話したり聞いたり書いたり読んだりする場面を意識できるよう指導を工夫すること。

(2) 読書指導の充実と改善

国語科の学習が読書活動に結びつくように〔知識及び技能〕に読書に親しみいろいろな本を知ること、知識や情報を得ることに役立つこと、考えを広げることに役立つことに気付くこと等。読書に関する事項を位置付けるとともに、〔思考力、判断力、表現力等〕「C読むこと」では、学校図書館などを利用して様々な本などから情報を得て活用する言語活動例を示しています。

〔思考力、判断力、表現力等〕「C読むこと」言語活動例

ア　事物の仕組みを説明した文章などを読み、分かったことや考えたことを述べる活動。（低）

イ　読み聞かせを聞いたり物語などを読んだりして、内容や感想などを伝え合ったり、演じたりする活動。（低）

ウ　学校図書館などを利用し、図鑑や科学的なことについて書いた本などを読み、分かったことなどを説明する活動。（低）

ア　記録や報告などの文章を読み、文章の一部を引用して、分かったことや考えたことを説明したり、意見を述べたりする活動。（中）

イ　詩や物語などを読み、内容を説明したり、考えたことなどを伝え合ったりする活動。（中）

ウ　学校図書館などを利用し、事典や図鑑などから情報を得て、分かったことなどをまとめて説明する活動。（中）

ア　説明や解説などの文章を比較するなどして読み、分かったことや考えたことを、話し合ったり文章

にまとめたりする活動。（高）

イ　詩や物語、伝記などを読み、内容を説明したり、自分の生き方などについて考えたことを伝え合ったりする活動。（高）

ウ　学校図書館などを利用し、複数の本や新聞などを活用して、調べたり考えたりしたことを報告する活動。（高）

中教審答申「…国語科の学習が読書に結びつくような小・中・高等学校を通じた読書指導を改善・充実する…」を踏まえています。また、これからの指導が、児童の読書意欲を高め、日常生活における読書活動の充実につながるよう、次の通り配慮事項を示しています。

第3　指導計画の作成と内容の取扱い1(6)

第2の第1学年及び第2学年の内容の〔知識及び技能〕の(3)のエ、第3学年及び第4学年、第5学年及び第6学年の内容の〔知識及び技能〕の(3)のオ及び各学年の内容の〔思考力、判断力、表現力等〕の「C読むこと」に関する指導については、読書意欲を高め、日常生活において読書活動を活発に行うようにするとともに、他教科等の学習における読書の指導や学校図書館における指導との関連を考えて行うこと。

(3)　外国語活動・外国語科との関連

中教審答申「…国語教育と外国語教育は、ともに言語能力の向上を目指すものである…（略）言語としての共通性や固有の特徴への気付きを促すことを通じて相乗効果を生み出し、言語能力の効果的な育成につなげていくことが重要である。」を踏まえ、次の指導事項を示しています。

1⑻　言語能力の向上を図る観点から、外国語活動及び外国語科など他教科等との関連を積極的に図り、指導の効果を高めるようにすること。

⑷　漢字指導の改善・充実

中教審答申「都道府県名に用いる漢字を「学年別漢配当表」に加えることが適当である。」を受けて、第４学年に漢字新たに20字を加えています。また第５学年及び第６学年より漢字５字を第４学年に移行し、あわせて25字を配当しています。これにともない、これまで第４学年に配当していた漢字を第５学年と第６学年に移行しています。都道府県名に用いる漢字など、他教科等の学習において必要となる漢字については、当該教科と関連付けて指導することなどの工夫が求められています。

2⑴エ㋒　他教科等の学習において必要となる漢字については、当該教科等と関連付けて指導するなど、その確実な定着が図られるよう指導を工夫すること。

⑸　書写指導の改善・充実

第１学年及び第２学年の〔知識及び技能〕に「点画の書き方」が新たに加わり、配慮事項を示しています。

〔知識及び技能〕⑶　ウ

㋑　点画の書き方や文字の形に注意しながら、筆順に従って丁寧に書くこと。

第3　指導計画の作成と内容の取扱　2(1)カ
(エ)　第1学年及び第2学年の(3)のウの(イ)の指導については、適切に運筆する能力の向上につながるよう、指導を工夫すること。

2. 学習指導

(1) 主体的・対話的で深い学びの実現に向けた授業改善

平成26年11月、中央教育審議会に「初等中等教育における教育課程の基準の在り方について」の具体的な審議事項として、今後育成すべき資質・能力を確実に育むための学習・指導方法についての在り方が諮問されました。これを受けて中教審は、児童の学びの質に着目し、授業改善の三つの視点を次のように示しました。

○ 学ぶことに興味を持ち、自己のキャリア形成の方向性と関連付けながら、見通しを持って粘り強く取り組み、自己の学習活動を振り返って次につなげる「主体的な学び」ができるかという視点
○ 子ども同士の協働、教職員や地域の人々との対話、先哲の考え方を手がかりに考えることなどを通じ、自己の考えを深める「対話的な学び」ができているかどうかという視点
○ 習得・活用・探求という学びの過程のなかで、各教科の特質に応じた「見方、考え方」を働かせながら、知識を相互に関連付けてより深く理解したり、問題を見いだし解決策を、思いや考えを基に創造

したりすることに向かう「深い学び」が実現できているかという視点

これを踏まえ「主体的・対話的で深い学び」を視点にした授業改善の取組を活性化することが求められます。国語科の指導では、「知識・技能」の習得、「思考力、判断力、表現力等」の育成、「学びに向かう人間性」を涵養することが求められます。このためには、言語活動を通して、言葉の特徴や使い方などを理解し、言葉による見方・考え方を働かせ、自分の思いや考えを深める学習の充実に努めなくてはなりません。

例えば、

「読むこと」の指導は、教師が教材を研究し、そこから指導すべき価値を引き出し、それをいかに教えるべきか、指導の手順と教材から引き出す指導内容の系統性や論理性を明確にしてきました。授業は、教師の主な発問により展開し、教材の理解を中心に進行します。これは、子どもの地平や心理に立った学習というより、教師の教材研究の成果を効率的に教えるという傾向が強く、なかなか子どもの主体的な学習とはなり得ない問題を抱えています。また、一人一人の個性や能力差に対応するより、一斉に学ぶ効率性を優先した指導として大きな曲がり角に来ています。戦後行われた、子どもによる「ディスカッションメソド」や「グループ学習」は、学ぶべき知識や技能の系統性が曖昧である、どのような能力を獲得させているのかが見えない、問題解決的な学習が学力低下を招いた、と問題視され、言語能力を系統的に獲得させる授業作りに力点が置かれて、昭和40年代から研究されてきました。

これらの経緯を踏まえ、現在は、目的、選書、構造と内容の把握、精査・解釈、考えの形成、振り返り、活用という学習活動の実現に取り組むことが必要です。自ら学ぶ力、学んだことを生かす力、それらの基盤となる知識や技能を自ら獲得する態度や姿勢を養う指導が求められています。言葉の習得・活用・探求・振り返りのサイクルを通して、言葉を通して考えを形成することが大事です。この意味で大きな歴史的な転換期を迎えています。知識や技能を系統的に教える教育に立ちつつ、一方で子どもの経験的な学びを生かして、基礎的、基本的なことを学ばせる、このような指導が大事です。教授と子どもの経験的、体験的な学びをどう組み合わせるか、「主体的・対話的な深い学び」の実現に向けた実践研究が求められます。詳述すれば、言葉による見方・考え方を働かせた個人やグループ学習、全体学習などの子どもの活動と教師の指導や説明、発問をどう組み合わせるか、言語活動を通した、言葉の特徴や使い方などを理解し自分の思いや考えを深める学習をどう実現するのか、相互評価、自己評価のあるべき姿を明らかにすることが必要です。

読むことの学習は、十人の教師がいれば、十通りの展開があっても、そこに子どもの主体的な学び合いがあり、基礎・基本を獲得し、国語力を伸ばしている子どもの姿が見えればよいと思います。言語活動の方法を学び、意欲的に、主体的・対話的に学んでいる子どもの姿が目の前にあることが大切です。そして学んだことを生かし、活用することが大事です。進んで学習する態度や意欲を養い、よく感じ、よく考え、よく想像し、よく表現できる子どもを育てる深い学びを実現することが必要です。今までとは異なる指導方法を開発するという視点ではなく、どのようにしたら言語活動が楽しく、そこで知識・技能を習得し、自分のものとして、生かすことができるか、今までの国語教育の何を、どこを止揚するのか、新たな指導法の改善が喫緊の課題となっています。

(2)　マネジメントサイクルを通して

国語科教育は、指導書に書かれていることをそのまま転用するのではなく、教師自身が自ら考え、創意工夫し、言葉を深く掘り下げ、己を語るものでなくてはなりません。指導書まかせでは生きた言葉の教育はできません。つまり、教師自身の自己創造の現れがよい授業として発現していくのです。

このためには、学習指導要領の目的や内容、配慮事項等を熟考・熟知して、

①　目標の設定

②　指導計画の作成

③　授業の実施

④　課題の把握と解決への展望を持つ

マネジメントサイクルを倦まずたゆまぬように実践することが大切です。これを通して教師は、指導技量を高めることができます。社会の変化や出来事、新聞や文学、自然科学や人文科学に目を向けて幅の広い一般的な教養を養い、最適な指導法を追究し、新たな地平を開き、進化、発展させなくてはなりません。

指導法は、個人的な好き嫌いや興味・関心によるのではなく、あくまで学習指導要領を具現化するための公的な研究であることを忘れてはなりません。そのためにはまず、学習指導要領に示されている国語科の目標、指導内容、指導上の配慮事項をしっかりと捉えることが肝心です。

(3)　単位時間の学習活動

教師の発問による全体指導や説明をどうするか。個人学習とグループ学習、全体学習との組み合わせを

どうするか、つまり教師の立場からいかに指導するかという意識を少し柔軟にする必要があります。学習の順序と組み立てはもちろん大切なことですが、どのように指導すれば、一人一人の子どもが目標を持った学習ができるか、このような学習をどう創り出すかという、学習者の視点で一単位時間の学習を考えてみたらどうでしょうか。国語教師の先覚者である芦田恵之助氏が『読み方教授』（１９１６（大正５）年）で自分の国語教育をこのように述懐しています。

「教授は、児童が自己の日常生活を解釈し、識見を高めようとする学習の態度を確立するのが第一義」と考えはじめた。教授には、教術も教材研究も共に大切。しかし、いかに五段階の教法をうまく行っても、また、教材の要求に応じた教法であっても、それが児童の日常生活を覚醒し、発動的学習態度に無効であったら、教授は、まったく無意味である。

戦後の国語教育の先覚者大村はま氏も「大村はま国語教室」（１９８２（昭和57）年）において、生徒一人一人が興味を持ち力を発揮して学ぶ力をつけなくてはならない、このためには、学ぶ方法や活動を教えなくてはならない、学力は生きる力であり、聞く・話す・読む・書く活動を総合した単元学習が不可欠である趣旨を述べています。

何のための学びか、何のための指導か、をよくよく問い直す必要があります。筆者も国語科教師として、言語能力を育てる国語教育に長年携わりましたが、先人たちと全く同じような思いに至りました。教師に誘導される学びから、子どもが課題を持って学ぶことへ力点を移すことが大切です。具体的には、一単位時間の授業の展開を「導入・展開・まとめ」から「課題把握・課題解決に向けた言語活動・振り返り」というふうに変えたらどうでしょうか。表裏の関係ですが、これだけでも学ぶ主体を育てる単位時間の学習活動をイメージしやすくなります。

0	10	35	45
課題把握	言語活動（課題解決に向けた）	振り返り	

課題把握は、子どもの主体的な学習にするために、教師が子どもの学習意欲を喚起し、課題をつかみ、課題の解決に必要な方法や視点をつかみ、これから始まる言語活動に見通しを持つ段階です。今までの経験を切り取り、課題について主体的に取り組む姿勢を整えます。ここは教師が中心になって指導しますが、10分程度の時間で「面白そうだ」「できそうだ」「してみたい」という子どもの気持ちを高揚させることが肝心です。また、言語活動で養う能力を明確にすることが大切です。授業の成否はここで決まると言っても過言ではありません。

言語活動は、学習指導要領で示された言語活動例を参考にしますが、あくまでも例ですので、子どもの興味や実態にあった最適な言語活動を創造することが大切です。ここでは、どのような言語活動をどのような順序で行うか、個人、グループ、全体等の学習形態を考えつつ、楽しい活動にすることが肝心です。そのためには、言語活動が分かりやすいことが大事です。言語活動の方法が分かり、見通しを持って活動できることが重要です。限られた時間を子ども自身が有効に使えるようにします。ここで「知識・技能」を習得し「思考力、判断力、表現力等」を引き出し、「学びに向かう人間性」を涵養します。「主体的・対話的で深い学び」を視点にした授業改善は、言語活動を充実させることそのものです。それには言葉の特徴や使い方などを理解し、言葉による見方・考え方を働かせ、自分の思いや考えを深める言語活動を実現しなくてはなりません。

振り返りは、何が分かって何が分からないか、学習の目標に照らして振り返ります。子どもの自己評価や相互評価、教師の評価を通して、習得できた能力を確認したり、課題を見つけたりして主体的な学び手を育てます。

(4) 単元学習のススメ

予め教材を研究し、教材について教材観を持つことは、どのような指導においても必要不可欠なことです。しかし、その成果をいかに教えるかに傾注するばかりではなく、どう学ばせるかに重点を置くことが大切です。子どもが自ら課題を見つけ、自ら学ぶために十分な教材であるのか、子どもの発達段階を踏まえた学習計画を作成することが重要です。なぜなら、今、求められているのは、子どもが自ら言語活動することで国語の能力を獲得し、併せて達成感や成就感、学ぶ楽しさを実感し、学ぶ意欲を高揚し、自ら学ぶ態度や姿勢を育成する国語科教育なのです。学びの主人公は常に子どもです。一つの教材を多くの時間を使って隅々まで教える指導方法ばかりではなく、子どもが課題を持ち、自ら活動し、探究し、必要な知識や技能を習得できることが重要です。既知を活用し、新しい知識や技能を習得できることが大切です。何よりも子どもが解決しなくてはならない課題を持ち、言葉と向き合い、言葉を運用してその能力を向上させることが大事です。

学習指導要領は、「知識及び技能」、「思考力、判断力、表現力等」の領域構成にしていますが、この枠はそれぞれの能力を明確にしたものであり、言語活動を通して能力を獲得する学習では、「話すこと・聞くこと」、「書くこと」、「読むこと」がそれぞれ連環し環流します。単元学習では、一体的に学ぶことが必要でありその方が有効です。なぜなら、読むことは、話したり聞いたり書いたりすることで、深めることができます。同じように話したり聞いたりすることは、書いたり読んだりすることで時宜を得た学びができます。書くことも同様です。

この学習で養う能力を明確にし、その他の領域の能力を活用させ相乗的に能力を高めることが重要です。単元学習では言語能力が身に付かないという過去の反省を踏まえ、新しい単元学習を進めることが大切です。このような授業づくりは準備が必要です。そして何よりも教師は、子どもと同じ時間と空間軸に立ち、自らを語ったり範を示したり、子どもと共に学び学習活動を支援することが必要です。学習活動を意味付けたり価値付けたりする機会は、今、この場、この一瞬なのです。教授、伝達ばかりではなく、子どもの学びを創っていくことが大切です。子どもが学ぶ今が、最適な指導の機会なのです。授業は、自ら学ぶ子どもと教師の協働の学びの創造の結果であり、このような授業づくりに、マニュアルはありません。このような国科教育の地平を切り開かなくてはなりません。一にも二にも教師の指導力が求められます。単元学習は、次のような視点から取り組むことが大切です。

① 明確な目的意識を持った言語活動であること
② そこで身に付ける知識や技能を明確し習得すること

③　学習方法（言語活動）やポイントを教えること
④　言語活動を通して、自ら課題を見つける力を育て、主体性な学びを経験させること
⑤　課題を探究する学習（学び）を保証し、思考力・判断力、表現力を引き出すこと
⑥　目標に到達するプロセスを明確にすること。学習のプロセスが分かること
⑦　話すこと・聞くことの伝え合う力を育てること。学び合う礎をつくること
⑧　学習の振り返りをすること。自己評価できること

《研究と討議のための課題》

五　２０１７（平成29）年3月告示の学習指導要領の目指す理念をまとめ、これからの国語科教育の目的と内容についてまとめましょう。

六　今どのような指導法が求められているか、歴史的な経過や学習指導要領の構成に留意して自分の考えをまとめましょう。

第四章　国語科学習指導の計画と評価

1．指導計画の作成

(1)　教育課程と国語科

教育課程とは、校長が教師の助力を得て作成する教育計画全体を意味します。この編成に当たっては、法令や学習指導要領に従うこと、地域や子どもの実態に即して編成すること、子どもの発達段階に十分配慮しなくてはなりません。教育課程は、それぞれの教育委員会に届け出るものですが、同時に学校のある地域、保護者に対する学校の公約であり、学校が組織を挙げて編成に努めなくてはならないものです。最近では、教育課程やその実現状況について、学校外から評価を受け、その結果について公表する流れができています。

教育課程の届出は、教育目標、各教科・特別の教科道徳・外国語活動・総合的な学習の時間・特別活動、特色ある教育活動についての方針や授業時間数の計画、学校行事等の全体計画です。この全体計画を踏まえ、各教科の指導計画を作成します。国語科も教科の一つとして指導計画を作成します。

(2) 年間指導計画

教育の目標や教育目標達成のための基本方針を踏まえて、国語科の年間計画を作成します。それに基づいて担任が週の指導計画、本日の授業計画を作成します。形式は学校によって異なりますが、さらに本時の指導を具現化する細案が必要です。具体的な授業は、ほとんどが教師の裁量に負うことが多く、教師の責任は重大です。

A校の第1学年、国語科年間指導計画を見てみます。

1学年　国語科年間指導計画　　　　A小学校

月	単元名	ねらい	主な学習活動
4	はる(3) おはなし　よんで(3) どうぞ　よろしく(5) うたに　あわせて あいうえお(3)	○挿絵を見て知らせたいことを選び人に分かるように話す。 ○挿絵も見ながら、場面の様子などについて想像を広げて聞く。 ○自分の名前や学年・クラスなどを名刺に書いて渡しながら友達と自己紹介しあう。 ○語や文のまとまり、リズム、母音の響きなどについて考えながら声	・知っていることや体験を話す。「おはよう」を音読する。 ・知っている話について話す。 ・読んでもらいたい本を選んで、先生に読んでもらう。 ・自分を紹介する名刺を作る。 ・自分の名前を教えるときのあいさつの仕方を練習する。 ・「あいうえおうた」を作りリズムをつけて発表し楽しみ文字を書い

		に出して読む。	たり言葉集めをしたりして「あいうえお」に親しむ。
5	たんけんしたよ、みつけたよ(7) かきとかぎ(3) ともだち(2) ねことねっこ(3) はなのみち(8)	○学校を探検し知らせたいことを選び人に分かるように話す。 ○場所の名前などをかく。 ○丁寧な言葉で話す。 ○濁音を含む言葉を平仮名で読んだり書いたりする。 ○語や文としてのまとまりや内容、言葉の響きなどを考えながら、なめらかに声に出して読む。 ○促音および半濁音などの表記を読んだり書いたりする。 ○挿絵を見ながら、場面の様子について、想像を広げながら読む。	・あいさつの言葉、尋ねる言葉などを練習し、言葉やマナー、安全に気をつけて探検をし、知らせたいことを見つける。 ・どこに行き何があったのかを友達に発表する。 ・濁音の有無を対比する言葉を唱え「似たものかるた」を作り、言葉や文字に親しむ。 ・声に出して読んだり視写をして挿絵をつけたりする。 ・濁音表記に慣れる。促音表記に気づく。 ・促音のつく言葉を集め、書き写し、発表する。 ・「は・ひ・ほ」の濁音、半濁音の使い方を理解して書く。 ・グループで紙芝居を作り発表する。

		○語や文のまとまりや話の内容を考え、言葉の意味が分かるように声に出して読む。	
2	ちがいを　かんがえて　よもう「どうぶつの赤ちゃん」(12)	○ライオンとしまうまの赤ちゃんの特徴やその違いなどを考えながら、大体の内容を読む。 ○動物の赤ちゃんについて書くのに必要な事柄を集める。	・赤ちゃんの違いを比べながら読む。 ・他の動物について調べ、動物の赤ちゃんカードを作り紹介し合う。
	にているかん字	○形の似ている漢字に注意して、第1学年に配当されている漢字を読んだり書いたりする。	・似ている漢字や書き順・形に気をつけて文を書く。
	よみきかせのじかん(3)	○教師が読む本を場面の様子など想像を広げながら聞く。 ○自分で読んだり、読み聞かせてもらったお話のうち、一番好きなものについて発表し合う。	・読み聞かせを聞く。 ・自分が好きな作品と好きな理由を発表し、友達の発表を聞いて、感想を伝える。
	おもい出してかこう「いいこといっぱい、一年生」(10)	○アルバムに書く題材として必要な事柄を集める。 ○事柄の順序を考えながら、語と語や文と文の続き方に注意して書く。 ○句読点やかぎを文中で正しく使う。	・写真を選び写真を説明する文章を書いてアルバムを完成させる。 ・アルバムを家の人に見てもらうための手紙を書く。

3	おはなしを　たのしもう「たぬきの糸車」⒁ なかよしの　うた⑶	○話の内容がよく伝わるように、文章や言葉の響きについて考えながら音読する。 ○紹介する本がよく分かるように順序を考えて話す。 ○さまざまに音読を工夫して、詩の世界に親しむ。	・場面ごとの様子や登場人物の様子を考えて音読を工夫したりたぬきやおかみさんが話した言葉を想像して言葉を加えたりする。 ・範読を聞き、感想を伝え合う。 ・適切な読み方を工夫して、音読の練習をする。 ・音読を聞き合い、感想を発表する。

年間指導計画は、単元名と時間数、ねらい、主な学習活動が一般的です。単元のねらいは、子どもの学習目標であり、話す、聞く、書く、読む学習に主体的に取り組むことのできる話題、題材であり、かつ生活に活用できるものでなくてはなりません。学習指導要領では、2学年ごとに内容が示されていますが、子どもの実態を考慮して、A校のように各学年ごとに年間指導計画を作成します。

指導計画作成に当たっては次のことに配慮することが重要です。

①　めあては、日常生活になるべく直結するものにする

日常生活に必要な言語活動となって働く能力を育てることが大切です。具体的な目的や必要によって話したり、聞いたり、書いたり、読んだりする活動は、考える力を伸ばし、心情を豊かにし、人間形成に寄与することができます。

②　目標、指導事項、言語活動の関係を明確にする

目標を達成するためにはどのような言語活動がよいかを考えます。このねらいで活動する場合どのような指導事項を身に付けることができるか、目標、指導事項、言語活動の関係を明確にします。

③　適切な教材、学習資料を用意する

目標や指導事項を達成するために適切な教材及び学習資料を用意します。教科書が中心となる教材ですが、教科書以外の図書や資料を活用する必要がある場合、学校図書館と連携して常に適切な図書や資料を用意することが大切です。

④　子どもの発達段階を踏まえ、言語能力を高めるようにする

話したり聞いたり、書いたリ、読んだりする活動は、子どもの発達段階に即したものであることが重要です。言語活動を通した学びは、すでに獲得している言語の能力をベースにした活動であり、子どもが活動できる言語活動であることが大事です。発達段階や子どもの実態に適した言語活動であり、楽しさや成就感を体験できることが大切です。

⑤　話したり聞いたり、書いたり、読んだりすることのバランスをとる

「A　話すこと・聞くこと」、「B　書くこと」、「書写」については、それぞれ取り上げて指導する時間が学習指導要領により決められています。指導計画作成はこれを踏まえて行います。「A　話すこと・聞くこと」の学習でも、書いたり読んだりする学習活動があります。これは既知をよりよく活用するものであり、ここでの指導事項は話す・聞くが中心となります。単元によっては、それぞれの領域を複合的に、統合して扱う場合もありますが、決められた時間を踏まえたバランスある活動に留意します。

⑥　国語科と他の教科等の環流を図る

国語で学んだことを各教科の学習で活用することで、言語能力を向上させることができます。例えば、報告や説明の文を書いたり、話したり聞いたりする言語活動は、他の教科でも活用できます。また、外国語や外国語活動は言語としての共通性や固有の特徴への気付きを促すことをができます。国語力を付ける場は、国語科学習だけでなく他の教科や生活の全てで行われます。国語科では、系統的に国語力を習得させますが、指導計画を立てる場合、他の教科にどのように環流させるかに留意します。また、他の教科が必要とする言語活動を国語科で系統的に指導することも大切です。教育課程全体の中で、国語科は国語力育成の中核を占めるものであり、国語科と他の教科等の連環・環流を図ることが大切です。

2．指導案の作成

(1)　指導案

年間計画は単元の配列ですが、これを指導する場合、さらに具体案を作成しなくてはなりません。単元の指導計画は次の項目によって組織されるのが一般的です。本時の指導案はさらにその細案です。

①　単元名
②　単元の目標
③　評価規準
④　単元設定の理由　教材や資料についての捉え方　系統

⑤　指導計画　指導事項　学習活動
⑥　各時間（本時）の指導案
⑦　配慮事項や工夫点
⑧　児童の実態
⑨　教科書以外の資料

決められた形式はなく各校で工夫しています。指導案は指導の全体を文書化し、指導の全体像を明確にすると同時に、教員がお互いに理解し合い、授業について研究するために必要なものです。

(2)　指導案の作成

『白いぼうし』（あまんきみこ）を例に具体的な指導案作りをしてみます。

①　**題名**

まず、指導案の題名、実施日、学年、児童数、指導者等を書きます。

第四学年国語科学習指導案

平成○○年○月○○日　第○校時
○○小学校　第4学年　計○○名
指導者　○○　○○

②　単元名

単元名を書きます。ここでいう単元とは、教材を有効な言語活動ができるように並べ、目的的に学習できる教材群です。ここでは、光村図書出版の4年教科書の単元「本と友達になろう」を使います。教材として「白いぼうし」が用意されています。読書活動では、図書館の図書を活用しますが、本時は、教科書の教材「白いぼうし」を使いますので、（教材名「白いぼうし」）と書いています。

1．単元名　本と友達になろうう（教材名「白いぼうし」）

③　単元の目標

単元の目標の例です。通常は、身に付けさせたい能力、ここでは「叙述を基にして読む」こと、主体的に学習に取り組む態度は、ここでは「物語を楽しむこと」、「読書を広げようとすること」としています。じっくり考えてみましょう。

2．単元の目標

場面の変化や情景、人物の言動を叙述を基にして読み、物語を読む楽しさを味わう。また、他の文学作品を読み、友だちに紹介したりして、読書を広げようとする態度を養う。

④ 評価規準

「知識及び技能」、「思考力、判断力、表現力等」、「学びに向かう力・人間性等」の資質・能力の三本柱に基づき、「知識・技能」、「思考・判断・表現」、「主体的に学習に取り組む態度」を観点にして評価規準を設定します。国語科では、「知識及び技能」の構成は、言葉の使い方に関する事項、情報の扱い方に関する事項、我が国の言語文化に関する事項です。「思考力、判断力、表現力等」は、A話すこと、B聞くこと、C読むことです。「主体的に学習に取り組む態度」は、目標⑶及び各学年の目標⑶基づき「学びに向かう力・人間性等」については規準を設定しますが、「主体的に学習に取り組む態度」については学習状況を分析的に捉えることができても、評価や評定になじまない部分があります。このことに留意する必要があります。「主体的に学習に取り組む態度」は、「関心・意欲・態度」と同じ趣旨と考えられますが、自ら目標を持ち、見通しをを持って学習に取り組んだり、粘り強く学習したり、知識・技能を獲得したり、思考・判断・表現しようとしたりしているか、意志的な側面を捉えて評価します。

評価や評定になじまない部分とは、その子ども独自の気付きや発見・発想等の個別的成長、学びの状況です。子どもの良さや個性、可能性を伸ばす可能性を秘めています。個人内評価の在り方の研究が望まれます。

本単元「白しぼうし」は文学的な文章ですので、次のような評価規準を設定してみます。

3．評価規準

観点	知識・技能	思考・判断・表現 C 読むこと	主体的に学習に取り組む態度
評価規準	①場面を想像しながら音読している(1)ク ②様子や行動、気持ちや性格を表す語句を理解し、語彙を豊かにしている(1)オ ③文中の修飾と被修飾の関係などに着目している(1)カ ④当該学年までに配当されている漢字を読んでいる(1)エ ⑤目的を持って読書し、読書の幅を広げている(3)オ	①場面の移り変わりに注意しながら、登場人物の性格や気持ち、情景などについて、叙述を基に想像して読んでいる(1)イ ②文章を読んで考えたことを発表し合い、一人一人の感じ方について違いのあることに気付いている(1)オカ	①不思議な体験をする主人公の行動や人柄を通して、小さな生き物の生きる喜びの真実に共感できる ②読書の範囲を広げて、一人一人の読み方、感じ方の違いを知り読もうとしている

⑤ **単元設定の理由**

指導意図を記述し、とりわけここで身に付ける読むことの能力を明確にします。教材についての捉え方、子どもの実態や今までの指導経過と今後の見通しなどを記述します。他の教材との関連は、別に項目を起こして児童の実態を踏まえて書くこともできます。この教材が子どもの能力、意欲・態度を育てるのに有効と考える理由を書くことも大切です。整理すると次の四点が大切です。

1. 本単元の位置付けをします。子どもの実態などを踏まえて、この教材の必然性についておさえます。
2. 教材についての考えや見方、作品からどのようなことを教材として引き出したか、教材研究したことを書きます。また、領域の教材との系統をおさえます。
3. 子どもに身に付けさせたい能力等について明確にします。
4. 本単元の指導の具体的な手立てや工夫について記述します。この具体的な手立ては、別に項目を立てて詳述する場合もあります。

4. 単元設定の理由

物語を読む楽しさを体験し、自分から進んで読書範囲を広げ、豊かな読書生活へのいざないをしたい。教材として物語を読む楽しさは、言葉を意識し、言葉を追究し、思ったことを交流して、自分なりの読みを想像することである。このような楽しさが読書意欲に発展する。読んだ本について登場人物を視点に紹介し合い、読書の良さを実感させたい。

教材として読む「白いぼうし」は、あまんきみこ作「車のいろは空のいろ『白いぼうし』」（ポプラ社）の中にある短編の一つである。空いろ運転手の松井さんと、不思議なお客さんたちとのふれあいを描いた、心温まるファンタジー作品である。松井さんの人柄を中心に不思議な出来事を楽しみ、不思議な体験をする松井さんの人柄や行動を通して、小さな生き物の生きる喜びの真実に共感させたい。

ファンタジーの世界の真実を言葉を手がかりに読むのによい教材である。一人一人の読みを交流しながら読み深めていきたい。

3年生で「ちいちゃんのかげおくり」、「モチモチの木」では場面の様子と主人公の言動について感じたことを交流してきた。ここでは一歩進めて、さらに叙述について意識し、そこから読み取れることを交流していきたい。この経験を「一つの花」や「ごんぎつね」につなげていく。

読書へのいざないは、あまんきみこの他の作品を中心にして、そこから文学作品を読む世界を広げていく。

⑥　指導計画

子どもの学習意欲を高め、読むことの能力を高めるとともに、生活の中で自分から進んで読書する意欲や態度を養うことができる指導計画であることが大切です。計画の作成に当たっては、「おすすめカード」を作るという、具体的な言語活動を目標にして、そのために教材を読む、紹介カードを作る、図書館で本を読む、紹介し合うという四つの学習活動を展開します。単元名の「本と友達になろう」をより具現化した中心となる言語活動が、「おすすめの本カード」を作ることですが、他の活動のバランスは、子どもの実態に合わせて工夫します。また、読むこと、書くこと、話すこと・聞くことの複合単元といえますが、ここでは読むことを中核として扱っています。書くことや話すこと・聞くことの能力を併せて取り上げることは可能ですが、なるべく一つの言語活動に一つの指導事項と精選することが大切です。

5. 指導計画（15時間扱い）

次	時	ねらい	学習活動
第1次	1・2	・あまんきみこの作品「車のいろは空のいろ」の読み聞かせを聞き、興味を持ち学習に関心を持つ ・本単元の目標を踏まえて、おすすめの本カードを作るという目標をつかむ ・これからの学習の見通しを持つ	・読み聞かせを聞く ・読書についてアンケートにより読書の傾向や現状を把握する ・本と友達になろうという単元の目標を理解し、「おすすめの本カード」を作り、紹介し合うことを確認する ・みんなで教科書の「白いぼうし」を読む 図書館で本を読み、おすすめの本カードを作るという見通しを持つ
第2次	3・4・5・6・7	・教科書教材「白いぼうし」を読み、場面の情景や松井さんの人柄について読み取ることができる	・全文を読み感想を持つ。松井さんの人柄を読む 第1の場面を読む 夏みかんと松井さん ・第2の場面を読む 蝶を逃がしてしまった時の松井さん ・第3の場面を読む 女の子と松井さん ・第4の場面を読む 聞こえてきた小さな声

	第3次	第4次
・8	9・10・11	12・13・14・15
	・「おすすめの本カード」を作る見通しを持ち、学校図書館の本を進んで読むことができる	・読んだ本の「おすすめの本カード」を作成し、本の紹介をし合う
・白いぼうしの「おすすめの本カード」を書く 主人公の好きなところ　気に入った語句や文 ・友達とカードを交流する	・図書館で本の探し方を聞き、自分の興味を持った本を見つけて読む ・登場人物の好きなところをメモし、気に入った語句や文章を書き抜く	・読み手が興味を持てるようなカードにするように工夫する ・伝えたいことをはっきり書くようにする ・カードを例示し、本の紹介をする ・学習全体を振り返り、本に興味を持つことができたか、また、今後の読書について自分のめあてを持つ

⑦　本時の指導

(1)本時のねらいは、45分の学習を通して身に付ける言語能力を中心にして端的に示します。(2)本時の指導は、展開を「課題把握」、「言語活動」、「振り返り」としました。学習者である子どもの立場から考えましたが、教師の立場からでは、「導入」、「展開」、「まとめ」が一般的です。

学習課題は、ねらいを実現するために必要とする具体的な言語活動として、『「よかったね。」『よかったよ。』…の前後に想像した言葉を考えてみよう」とし、この活動に取り組むために必要な読みの方法（視点）を明確にしています。ここでは、女の子である理由を考えること、全文の中から、女の子であると分かる注目する言葉や文を探すことです。

言語活動は、一人一人がまず教材を読み、交流し合い、叙述を基に想像していく流れです。ここでの評価規準は、エの①②③ですが、評価場面と方法を書きます。さらに詳細な評価基準を具体的に示すこともあります。

振り返りは、今日の授業のまとめをしたり自己評価をしたりします。教師が、今日の学習活動を価値付け、学習成果と課題を明確に指導する場面です。自己評価は、評価規準アの①としています。

6．本時の指導

(1)　ねらい

たくさんの白い蝶が飛んでいる野原の様子を想像し、松井さんに聞こえてきた小さな声について想像をふくらませて読むことができる

(2)　本時の展開

学習活動・内容	◇指導・○支援　△評価

課題把握		言語活
1．本時の課題を確認し課題をつかむ	車を止めて、考え考え、まどの外を見ている松井さんの心象を想像する	2．全文を音読する 3．小さな声は誰の声か。松井さんの心象を想像する。 4．女の子の言動を読み、小さな声が誰なのかを想像する 5．車を止めて、考え考えまどの外を見ている松井さんの心象を想像し松井さんの人柄を考える ・手がかりになる言葉を抜き出す 6．小さな声を聴き取り想像をふくらませる
◇本時のめあてをつかみ、意欲を持って課題に取り組めるようにする	○女の子である理由を考えること ○聞こえてきた小さな声から松井さんの人柄を考える （松井さんの目と心から作者の願いを読む）	◇物語の世界に浸れるように、「ナレーター」、「松井さん」、「不思議な声」の役に分かれて、音読する 【評価規準　知(1)ク】音読 ○ワークシートを用意し、各自が取り組めるようにする 【評価規準　思(1)イ】ワークシート ◎「ちょこんと後ろのせきにすわっています」 「ええ、あの、あのね、菜の花横町ってあるかしら」 「早く、おじちゃん、早く行ってちょうだい」 叙述から読み取っている ◇野原の様子、たくさんのちょうが飛んでいる様子を、想像する 「団地の前の小さな野原」、「おどるように」、「シャ

動	「よかったね。」 「よかったよ。」 「よかったね。」 「よかったよ。」 ・松井さんと一緒に想像をふくらませる 7. 想像したことを音読して、鑑賞し合う	ボン玉のはじけるような小さな小さな声」など ◇何がよかった　何がよかったのかの「何」を想像する ◎ワークシートに書き抜いた言葉や文を参考にして叙述から想像している 例「よかったね。」（心配してたよ。） 「よかったよ。」（運転手さん親切だったよ。） ◇音読して全体で紹介し合う 前後に自由に言葉を補えるようにする 【評価規準　思(1)イ、主①】発表・観察
振り返り	8. 今日の学習を振り返りまとめをし、自己評価する	◎小さな声を松井さんはどのように聞いたか。松井さんと一緒に小さな声を想像して楽しむ ◎女の子であると想像できる言葉に注目できたか ◎自分の想像したことを発表したり友だちの発表を聞くことができたか 【評価規準　思(1)オカ、主①】

一人一人の子どもが学習課題を把握し、教師の指導と支援を受けながら自ら課題解決のための言語活動をして、国語力を身に付けることが大切です。そして、自らの課題を見つけ、活動的に学ぶ態度を育成することが大事です。また、求められる「主体的・対話的で深い学び」の実現には、言語活動の充実が欠か

せません。そのための教材研究が必要です。これにより文章の内容と構造を読み取り、精査・解釈し、言葉による見方・考え方を働かせます。「深い学び」とは、このような学習を通して、考えや豊かな感性や教養・価値観等の形成に直結するものでなくてはなりません。

以上、指導案を実際に作成してみましたが、指導案は、実現したい能力と子どもの実態によって作成されるものです。この指導案は一つの参考例です。自分のクラスの子どもをどう育てたいかという願いを指導案として具現化することが大切です。これは、授業をどのように考え、どう実施するのか教師の授業についての説明責任を果たすことです。授業を公開し、授業について学び合うことが、教師の力量を高め、教育の信頼を得ることに直結します。よりよい説明責任を果たすための文書が指導案です。ここで示した指導案は一つの事例です。これを参考にしてください。

3．国語科の評価

⑴　評価の趣旨

評価の趣旨と配慮事項について、学習指導要領総則で次のように示しています。

⑴　児童のよい点や進歩の状況などを積極的に評価し、学習したことの意義や価値を実感できるようにすること。また、各教科の目標の実現に向けた学習状況を把握する観点から、単元や題材など内容や時間のまとまりを見通しながら評価の場面や方法を工夫して、学習過程や成果を評価し、指導の改善

や学習意欲の向上を図り、資質・能力の育成に生かすようにすること。第1章第3の2(1)

学習評価は、子どもの学習状況を把握するためのものです。「どのような国語力がついたか」学習成果を的確に捉え、国語力の育成に生かすものです。同時に、教師が指導を振り返る機会でもあります。学びの評価にとどまらず「カリキュラム・マネジメント」の中で、教育課程や学習・指導方法の評価と結びつけて、教育計画や学習・指導の改善に発展・展開させることが重要です。評価の趣旨や配慮事項を把握することが、よりよい国語科学習を進めていく上で大切です。

令和2年（2020）から全面実施する第九次小学校学習指導要領の下での具体的な評価規準の方法は、国立教育施策研究所の研究開発を待ちたいと思います。前回は、「評価規準の作成のための参考資料」（平22・11）が報告されています。今回も同じような資料が出されると思います。これらを参考にして、各学校においては教育目標及び指導計画に即した評価規準の作成に取りかかることが求められます。

(2) 評価の観点

今回の改訂では、これからの社会を創り出す子供たちが学校教育を通じて身に付けるべき資質・能力とは何かを明らかにしています。これは、「学びの地図」として、枠組み作りが図られました。

①　何ができるようになるか（資質・能力）
②　どのように学ぶのか（学習・指導方法）
③　何が身に付いたか（学習評価）

です。教育課程が、学校と社会との接点になり、現在の子供の教育と未来をつなぐ役割が期待されます。

それには、国語を何のために学ぶのか、どのように学び、学んでどのような国語力をつけるのか、教科の意義を明確にしています。国語科は、自分の思いや考えを深めるために、対象と言葉、言葉と言葉の関係を、言葉の意味、働き、使い方等に着目して捉え、その関係性を問い直して意味付けること、つまり「言葉による見方、考え方」を培うことを本質的な意義としています。

①「何ができるようになるか（資質・能力）」は、三つの観点に分け、それぞれの目標が立てられています。

◇　知識及び技能
◇　思考力・判断力・表現力等
◇　学びに向かう力、人間性等

今回の改訂は、各教科の目標をこの三つの観点で整理しています。中央教育審議会答申（平成28．12）において、目標に準拠した評価を推進するため、観点別学習状況の評価について、

○　知識・技能
○　思考・判断・表現
○　主体的に学習に取り組む態度

の三観点に整理することが提言されています。三観点の「知識」は、個別の事実的な知識ではなく、社会の中で生きて働くものであることに留意する必要があります。また、資質・能力の「学びに向かう力、人間性等」は、①「主体的に学習に取り組む態度」として観点別学習状況の評価（学習状況を分析的に捉える）を通して見取ることができる部分と、②観点別学習状況の評価や評定になじまず、評価で示しきれな

い部分あります。これは、個人内評価（個人のよい点や可能性、進歩の状況について評価する）を通して見取ることに留意することが必要です。資質・能力のバランスのとれた評価を行っていくためには、指導と評価の一体化を図ることが一層求められます。例えば、論述やレポート、発表、グループの話し合い、作品等、多様な活動を評価の対象とし、多面的、多角的な評価を行うことが重要です。

(3)　評価に関する工夫

(2)創意工夫の中で学習評価の妥当性や信頼性が高められるよう、組織的かつ計画的な取組を推進すると共に、学年や学校段階を越えて児童の学習の成果が円滑に接続されるように工夫すること。第1章第3の2(2)

児童の資質・能力を適切に反映するものが評価結果です。評価の信頼性が担保されていることが必要です。また、児童の学習状況を把握し、指導の改善に生かしていくことが大切です。さらに、学校全体の組織的かつ計画的な取組が重要です。授業改善や組織運営の改善につなげることが大事です。

このためには、評価規準や評価方法を明確にし、評価結果の見方、考え方を共有することが求められます。評価方法については授業を通して研究が必要です。また、評価について、保護者への説明責任を果たすことも大事です。子供の成長や課題を共有することは、学校と保護者の接点になり、現在の子供の教育と未来をつなぐ役割が期待できます。この考え方は、学校間の接続にも通じます。今回の改訂では、特別活動の指導の事例として、学校間を越えて、児童が活動を記録し蓄積する教材等を活用すること（第6章特別活動第2〔学級活動〕の3(2)）を示しています。このような考え方にも留意して、子供の学習の成果を円滑に接続させることが大切です。

⑷　主体的、対話的な評価

「主体的・対話的で深い学び」の実現には、評価の考え方、方法を柔軟にすることが必要です。一つは、「自己評価」を一層の充実させたいことです。もう一つは、集団の学習の到達度を測り、次の学習につなげる「学び合い評価」が重要です。とりわけ「学び合い評価」は、子ども達が能動的につながりあい、自主的に関わり合いながら汎用的な学びを実現するために重要です。学び合うクラスにより個々の力をよりよく発揮できます。○○さんの意見が「良かった。」、「ためになった。」、「すごいとおもった。」、「感動した。」等、学び合うことの良さを実感できることが大切です。お互いが関わりながら協働して学びを創っていけるクラスづくりが欠かせません。

《研究と討議のための課題》

七　教育課程の編成と国語科の指導計画について述べなさい。指導案の意義と作成方法を説明しましょう。

八　国語科の評価の考え方や観点について具体的に説明しましょう。

第五章　音読・朗読の学習

1．学習指導要領における位置付け

(1) 知識及び技能　我が国の言語文化に関する事項

平成20年告示の学習指導要領から「言語事項」が、「伝統的な言語文化と国語の特質に関する事項」となり、「伝統的な言語文化に関する事項」を新設しました。国語の特質に関する事項は、今までの言語事項がそのまま残りました。今回の改訂では、内容は、〔知識及び技能〕と〔思考力・判断力・表現力等〕になり、〔知識・技能〕は、(1)言葉の特徴や使い方に関する事項、(2)語や文章に含まれている情報の扱い方に関する事項、(3)我が国の言語文化に関する事項の三事項となりました。

① 音読・朗読

音読・朗読は、「C読むこと」から、〔知識及び技能〕(1)言葉の特徴や使い方に関する事項に示されています。

〔第1学年及び第2学年〕

ク　語のまとまりや言葉の響きなどに気を付けて音読すること。

〔第3学年及び第4学年〕

ク　文章全体の構成や内容の大体を意識しながら音読すること。

〔第5学年及び第6学年〕

ケ　文章を音読したり朗読したりすること。

20年告示の学習指導要領にて、「声に出して読む」が「音読する」と表現が変更されました。どのような違いがあるのでしょうか。よく分かりにくいですが、音読という性質を明確にしているように思います。音読には、相手に訴える効果や音調の美しさ等の音楽的な要素があります。意味内容を音声にして読む、相手に聞いてもらうために読む、ここに意味があると思います。この意味で「C読むこと」の指導事項と連環させて扱うことに留意することが大切です。

②　発音・発声

発音発声は「言語事項」から「A話すこと・聞くこと」に移行され、今回は、〔知識及び技能〕(1)言葉の特徴や使い方に関する事項に移行しています。

〔第1学年及び第2学年〕

イ　音節と文字との関係、アクセントによる語の意味の違いなどに気付くとともに、姿勢や口形、発声や発音に注意して話すこと。

〔第3学年及び第4学年〕

イ　相手を見て話したり聞いたりするとともに，言葉の抑揚や強弱，間の取り方などに注意して話すこと。

発音発声は，「話すこと」，「C読むこと」の領域の音読の指導にも関わることです。仮名文字の1音節一字対応や「橋・箸」などの日本語のアクセントの違いによる語彙指導は，発達段階に留意する必要があります。抑揚や声の調子，緩急，強弱，静動は，低学年から指導していきたいです。子どもらしく大きな声で，気持ちを込めて，相手に聞いてもらうために音読したり話したりする時にアクセントはとても大事です。平成元年度に，5・6年の内容が復活し，これを継承しています。

③　暗唱

「暗唱」が引き続き，⑶我が国の言語文化に関する関する事項として示されています。

〔第3学年及び第4学年〕

ア　易しい文語調の短歌や俳句を音読したり暗唱したりするなどして，言葉の響きやリズムに親しむこと。

低学年，高学年には，「暗唱」はありません。暗唱には，この学年が最適なのでしょう。易しい文語調の短歌や俳句が暗唱の対象となります。言葉で遊ぶことと同じように楽しめることが大切です。苦痛を与えるような指導であってはなりません。リズムや語感を楽しみ，何度も繰り返し読んでいるうちに，何となく意味が分かってきたという体験が重要です。名文，名句に触れながら，日本の伝統文化の扉を少し開けて，何か楽しそうだなという期待がもてる指導が大事です。

④　ことわざ、慣用句、故事成語

20年告示の学習指導要領にて新設されたことわざや慣用句、故事成語は、「我が国の言語文化に関する事項」として継承しています。

〔第3学年及び第4学年〕

イ　長い間使われてきたことわざや慣用句、故事成語などの意味を知り、使うこと。

日本人が積み上げてきた生きる知恵と言える「ことわざ」や「慣用句」「故事成語」の意味を知り、使えるようにします。意味を知り生活の中で使えることが大切です。なるほどそうだなあと大切さや由来が理解できれば、暗唱や暗記が自然にできるでしょう。自然であることが大事です。

⑤　5、6年の「暗唱」

5、6年では「暗唱」という文言はありませんが「音読」と「朗読」はあります。だから暗唱は必要ないかと言えば、暗唱に自然に至るのは当然でしょう。親しみやすい古文や漢文、近代以降の文語調の文章等が、〔知識及び技能〕(3)我が国の伝統的な言語文化に関する事項に示されています。

〔第5学年及び第6学年〕

ア　親しみやすい古文や漢文、近代以降の文語調の文章を音読するなどして、言葉の響きやリズムに親しむこと。

親しみやすい古文や漢文の大体を知るためには音読や朗読というアプローチが不可欠です。語句の解釈をするために文法をひもとくのではなく、音読、朗読により丸ごと楽しむ（体験する）ことが大事です。

どのように古文や漢文等に出会うかが重要です。昔の言葉に触れ、語感や言葉の調子や言い回しを楽しみながら、ぼんやりと内容が見えてくることが肝心です。強制は禁物ですが、自然と暗記してしまう子どもが出てくるような指導は当然であると思います。

2．音読・朗読の意義

谷崎潤一郎は『文章読本』（中公文庫　昭和50）で、

「現代の口語文に最も欠けているものは、眼より耳に訴える効果、即ち音調の美であります。今日の人は、「読む」と云えば普通「黙読する」意味に解し、また実際に声を出して読む習慣がすたれかけて来ましたので、自然文章の音楽的要素が閑却されるようになったのでありましょうが、これは文章道のために甚だ嘆かわしいことであります。」

と述べています。谷崎潤一郎がこの本を出版したのは昭和9年です。その頃は、既に黙読が普通になっていたようです。嘗ては読むことは素読でした。素読について、谷崎潤一郎は次のように書いています。

「昔は寺子屋で漢文の読み方を教えることを、「素読を授ける」と云いました。素読とは、講義をしないでただ音読することであります。私の少年の頃にはまだ寺子屋式の塾があって、小学校に通う傍そこへ漢文を習いに行きましたが、先生は机の上に本を開き、棒を持って文字の上を指しながら、朗々と読んで聴かせます。生徒はそれを熱心に聴いていて、先生が一段読み終わと、今度は自分が声を張り上げて読む。満足に読めれば次へ進む。そう云う風にして外史や論語を教わったのでありまして、意味の解釈は、尋ねれば答えてくれますが、普通は説明してくれません。ですが、古典の文章は大体音調が快く出来ていますから、わけが分らないながらも文句が耳に残り、自然とそれが唇に上って来、少年が青年になり老年になるまでの間には、折に触れ機に臨んで繰り返し思い出されますので、そのうちには意味が分って来るようになります。古の諺に「読書百遍、意自ずから通ず」と云うのはここのことであります。」

考えさせられる文章です。原文が含んでいる深さや幅、響きはいかなる解釈や講釈を受けるより体験し自得するのが一番なのでしょう。素読だけ受ける寺子屋式の教授法が真の理解力を与える方法かも知れません。もともと読むことは、自分の体験や経験を超えて理解したり想像したりすることはできません。言葉そのものがこういう性質を持っているのです。例えば、「さみだれ」という言葉がありますが、この言葉を辞書でひくと、「陰暦五月に降る長雨、梅雨のことであり、これから派生してだらだらと長く続くこと」という意味を理解します。しかし、辞書的な理解はできても、与謝蕪村の俳句を読めたとは言えません。「さみだれや大河を前に家二軒」にある「さみだれ」は、どのような雨かと解釈を問われると、自分の経験や体験を切り取り想像しなくてはなりません。「糸を引くような雨」、「ザアザアと音を立てて降る豪雨」、「霧のような雨」、「しとしとと降る雨」と、人により解釈は様々です。では「大河」はどんな様子かと聞くとこれも然りです。もともと言葉の解釈は、自分が見たこと、経験したことを基にして想像することですが、自分の読み（認識）を超えることができないのです。だから余計なことをしないで、原文を繰り返し繰り返し音読せしめる、暗唱するくらい繰り返し読む「素読を授ける」教授法で、読み手の感覚を磨くことができます。まさに「読書百遍意自ずから通ず」です。音読や暗唱は、感覚に導かれて自ら会得する、自らの感覚を磨く有効な教授法と言えるでしょう。

「私が何故これを力説するかと申しますのに、たとい音読の習慣がすたれかけた今日においても、全然声と云うものを想像しないで読むことは出来ない、人々は心の中で声を出し、そうしてその声を心の耳に聴きながら読む。黙読とは云うものの、結局は音読しているのである、既に音読している以上は、何かしら抑揚頓挫やアクセントを附けて読みます。然るに朗読法と云うものが一般に研究されていませんから、その抑揚頓挫やアクセントの附け方は、各人各様、まちまちであります。それでは折角リズムに苦心して作った文章も、間違った節で読まれると云う恐れがあるので、私のように小説を職業とする者には、取り分け重大な問題であります。」

黙読は、言葉を音に出して聞いている。音読は文章を声に出して読み、言葉に血を通わせていると言えます。音読することは、言葉の感覚を磨くことであり、音読が黙読のベースになります。よりよい黙読をするためには音読を低学年のうちにしっかりと体験させることが大切です。音読と黙読の文字を読む速さは、小学校3年生くらいに黙読が勝るようになると言われています。黙読に血を通わせ身体化するためには音読をしっかりとさせることが大切です。

「素読を授ける」教育は、現代は口語文が中心ですからその必要は少ないと思いますが、古文や漢文には有効でしょう。むしろ今は、声に出して読むことで音調の美しさを実感するとともに、意味内容を音声にして読むことに意義があると思います。

相手に聞いてもらうために読むには、文章の書かれた内容を想像し解釈することが必要です。音読には、相手に訴える音調などの美しさや音楽的な要素が大事であり、どこで文章を区切るか、速さや強弱、抑揚、動静、オノマトペの音の選択などが大切です。音を選択することは、意味内容を解釈していることです。日本人は、書き言葉よりずっと長い間、言葉を音にすることによって伝え合ってきました。日本語の豊かさは、音によって表現されて本当の良さが実感できます。まずは、音読・朗読をしてみましょう。

3. 日本語の豊かさを学ぶ音読・朗読

(1) オノマトペの豊かな日本語

擬音（声）語・擬態語をひっくるめてオノマトペといいます。日本語ぐらい豊かなオノマトペを持った言語は世界でも珍しいです。オノマトペは声に出さないと豊かさを表すことができません。

宮沢賢治作「セロ弾きのゴーシュ」を声に出して音読してみましょう。この物語は、才能の無い未熟な音楽家が必死にセロ弾きに励んでいると、夜ごとに三毛猫、かっこう鳥、狸、野ねずみが訪れ、天啓のように音楽に開眼していく感動的な物語です。かっこう鳥が登場する場面を引用します（『セロ弾きのゴーシュ』、偕成社）。

「音楽を教わりたいのです。」

かっこう鳥はすまして言いました。

ゴーシュは笑って、

「音楽だと。おまえの歌は、かっこう、かっこうというだけじゃあないか。」

するとかっこうが大へんまじめに、

「ええ、それなんです。けれどもむずかしいですからねえ。」と言いました。

「むずかしいもんか。おまえたちのはたくさん啼くのがひどいだけで、なきようは何でもないじゃないか。」

「ところがそれがひどいんです。たとえばかっこうとこうなくのと、かっこうとこうなくのとでは、聞いていてもよほどちがうでしょう。」

「ちがわないね。」

「ではあなたにはわからないんです。わたしらのなかまなら、かっこうと一万言えば一万みんなちがうんです。」

「勝手だよ。そんなにわかってるなら、何もおれの処へ来なくてもいいではないか。」

「ところが私はドレミファを正確にやりたいんです。」

「ドレミファもくそもあるか。」

「ええ、外国へ行く前にぜひ一度いるんです。」

「外国もくそもあるか。」

「先生どうかドレミファを教えてください。わたしはついてうたいますから。」

「うるさいなあ。そら三べんだけ弾いてやるから、すんだらさっさと帰るんだぞ。」

ゴーシュはセロを取り上げてボロンボロンと糸を合わせて、ドレミファソラシドとひきました。するとかっこうは、あわてて羽をばたばたしました。

「ちがいます、ちがいます。そんなんでないんです。」

「うるさいなあ。ではおまえやってごらん。」

「こうですよ。」かっこうはからだをまえに曲げて、しばらく構えてから、

「かっこう」と一つなきました。

「何だい。それがドレミファかい。おまえたちには、それではドレミファも第六交響楽も同じなんだな。」

「それはちがいます。」

「どうちがうんだ。」

「むずかしいのはこれをたくさん続けたのがあるんです。」

「つまりこうだろう。」セロ弾きはまたセロをとって、かっこうかっこうかっこうかっこうかっこうと、つづけてひきました。

するとかっこうはたいへんよろこんで、途中から、かっこうかっこうかっこうかっこうと、ついて叫びました。それももう一生けん命からだをまげて、いつまでも叫ぶのです。

文中に一番多く出てくるのが「かっこう」というオノマトペです。では、この「かっこう」をどのよう

な音として表現しますか。つまりどんな音を選択するか。それは音読する者が決めます。どのように音読するか、それは、かっこう鳥やセロ弾きのゴーシュの気持ちを音調で表現することです。実際にやってみてください。そうすればいろいろな「かっこう」の音が出てきます。続けてかっこう鳥が歌う場面はどんな歌になるのでしょうか。楽しみです。

この他、「ボロンボロン」、「ばたばた」には、どのような音を選択するのでしょうか。音を選択することは、この文章に血を通わせ、肉体化、身体化することと言えます。相手に聞いてもらうために読むことを意識する読み方が朗読です。朗読では、さらに文章を肉体化、身体化して聞かせることが必要です。

(2) 間と音色で文章を味わう

次は、夏目漱石「坊っちゃん」を音読してみます。夏目漱石は、現代口語文でものを書いた最初の成功者と言われています。一人称話体で書いています。漱石自身の松山での教師体験をもとに、江戸っ子気質の教師が正義感に駆られて活躍するさまを描いています。漱石の作品中、最も多くの人に愛読されている作品ですが、どこで間をとるか、どのような声音で江戸っ子気質の主人公を表現するか、また、松山弁のよさをどんな声音でだすか、音読することのよさを実感することができる作品です。

「親譲りの無鉄砲で小供の時から損ばかりしている。小学校に居る時分学校の二階から飛び降りて一週間ほど腰を抜かした事がある。なぜそんな無闇をしたと聞く人があるかも知れぬ。別段深い理由でもない。新築の二階から首を出していたら、同級生の一人が冗談に、いくら威張っても、そこから飛び降りる事は出来まい。弱虫やーい。と囃したからである。小使に負ぶさって帰って来た時、おやじが大きな眼をして二階ぐらいから飛び降りて腰を抜かす奴があるかと云ったから、この次は抜かさずに飛んで見せますと答えた。

親類のものから西洋製のナイフを貰って奇麗な刃を日に翳して、友達に見せていたら、一人が光る事は光るが切れそうもないと云った。切れぬ事があるか、何でも切ってみせると受け合った。そんなら君の指を切ってみろと注文したから、何だ指ぐらいこの通りだと右の手の親指の甲をはすに切り込んだ。幸ナイフが小さいのと、親指の骨が堅かったので、今だに親指は手に付いている。しかし創痕は死ぬまで消えぬ。…略」

「二時間目に白墨を持って控所を出た時には何だか敵地へ乗り込むような気がした。教場へ出ると今度の組は前より大きな奴ばかりである。おれは江戸っ子で華奢に小作りに出来ているから、どうも高い所へ上がっても押しが利かない。喧嘩なら相撲取とでもやってみせるが、こんな大僧を四十人も前へ並べて、ただ一枚の舌をたたいて恐縮させる手際はない。しかしこんな田舎者に弱身を見せると癖になると思ったから、なるべく大きな声をして、少々巻き舌で講釈してやった。最初のうちは、生徒も烟に捲かれてぼんやりしていたから、それ見ろとますます得意になって、べらんめい調を用いたら、一番前の列の真中に居た、一番強そうな奴が、いきなり起立して先生と云う。それ来たと思いながら、何だと聞いたら、「あまり早くて分からんけれ、もちっと、ゆるゆる遣って、おくれんかな、もし」…略

（『坊っちゃん』、旺文社文庫）

まずどこで切り読むかを考えます。そのために自分で句読点を打ち直し、間をとって読んでみましょう。

「親譲りの無鉄砲で小供の時から損ばかりしている。小学校に居る時分学校の二階から飛び降りて一週間ほど腰を抜かした事がある。」

これをこのまま読むと息が切れます。だからといって、

「親譲りの無鉄砲で、小供の時から、損ばかりしている。小学校に居る時分、…」

とぶつぶつ区切ってしまうと、リズムや勢いが出ません。文章を自分の都合で勝手に区切ってしまうのではなく、意図的に区切ることに意味があるのです。ですから区切ることはそこに意味を持たせることであり効果を考えることであるのです。音読・朗読は相手に聞いてもらうために読むことであり、どこで区切って文章を歯切れのよさや粋を出すか、考えることが必要です。そこで、

「親譲りの無鉄砲で小供の時から損ばかりしている。」

を息継ぎなしで淡々と読んでしまいます。そうすると、次の文をどこで切ってもかまいませんが、なるべく、

「小学校に居る時分学校の二階から飛び降りて一週間ほど、腰を抜かした事がある。」

「一週間ほど」までと素っ気なく読み、ここで少し間をとり、「腰を抜かした事がある。」と読むと「腰を抜かした事がある。」が生きてきます。

同じように、

「一番前の列の真中に居た、一番強そうな奴が、いきなり起立して先生と云う。それ来たと思いながら、何だと聞いたら、『あまり早くて分からんけれ、もちっと、ゆるゆる遣って、おくれんかな、も

し』」

を句読点にしたがって読むと雰囲気が出ません。私なら、

「一番前の列の真中に居た一番強そうな奴がいきなり起立して、先生と云う。それ来たと思いながら
何だと聞いたら、『あまり早くて分からんけれ、もちっと、ゆるゆる遣って、おくれんかな、もし』」

と、「起立して」でちょっと休み、「何だと聞いたら」しっかりと間をあけて、スピードの変化をつけます。

つぎの松山弁は、わざとテンポを遅くして「あまり早くて分からんけれ、もちっと、ゆるゆる遣って、おくれんかな、もし」と読みます。

　松山弁は、言葉を言い終わったら口をそのまま開けておくようにすると方言の感じが出ます。江戸っ子気質は、逆に、助詞や語尾を短めに発音して、音を後ろに残さないようにすることが大切です。

「二階ぐらいから飛び降りて腰を抜かす奴があるかと云ったから、この次は抜かさずに飛んで見せますと答えた。」

「二階ぐらいから飛び降りて」の「ら」はちょっと不明瞭になります。「奴があるか」の「が」はほとんど聞こえず「奴あるか」になります。「云ったから、この次は」は「こん次」ぐらいに聞こえるようにします。「飛んで見せます」の「で」も短くします。「腰を」の「を」や「奴が」の「が」、「奴があるかと云ったから、」の「と」はろくに発音しないように読んでみましょう。声を出して読む日本語の楽しさを体験できます。小学生の教材としては、少し難しいかも知れませんが、教える者がまず楽しさを体験するには、漱石の坊っちゃんはとてもよい資料となると思います。

　また、音読することは漢字をどう読むかも問題になります。声に出して読み方を確かめることも大切な

勉強です。坊っちゃんの場合、

「無鉄砲」「居る」「無闇」「冗談」「囃した」「貰って」「奇麗」「翳して」「創痕」「白墨」「控所」「教場」「華奢」「喧嘩」「相撲取」「大僧」「恐縮」「手際」「田舎者」「癖」「講釈」「烟」

等の漢字をどう読みますか。いくつかの読み方ができる漢字があり迷いますが、読むためには一つの音を選択しなくてはなりません。

(3) 深い解釈で場面を表現する

昭和12年に発表された「雪国」は川端康成の代表作の一つです。昭和6年に、上越線の清水トンネルが開通しました。長さ9キロメートルを超えるトンネルは当時最も長いもので、冬の時期はトンネルを越えると一面の雪景色となり旅行客を驚かせました。

この作品は、川端康成が言っているリアリズムであり、雪国の風景と温泉場の情緒、哀しい愛の物語です。


国境の長いトンネルを抜けると雪国であった。夜の底が白くなった。信号所に汽車が止まった。

向こう側の座席から娘が立ってきて、島村の前のガラス窓を落とした。雪の冷気が流れこんだ。娘は窓いっぱいに乗り出して、遠くへ叫ぶように、

「駅長さあん、駅長さあん。」

明かりを下げてゆっくり雪を踏んで来た男は、襟巻きで鼻の上まで包み、耳に帽子の毛皮を垂れて

いた。
もうそんな寒さかと島村は外を眺めると、鉄道の官舎らしいバラックが山裾に寒々と散らばっているだけで、雪の色はそこまで行かぬうちに闇に呑まれていた。

（川端康成『雪国』、新潮文庫）

主人公の島村は、半年ぶりに駒子を訪ねて今、列車に乗っています。さっきまで明るかった空はすっかり暗くなり、暖房により窓についた水滴を指でふくと、そこには車内の様子と外の景色がぼんやりと重ねて写ります。向こう側の座席には娘が座っています。名前は葉子、これから会いに行く駒子の妹分ですが、島村には、まだ娘が誰だか分かっていません。島村は、娘のことがだいぶ前から気になっています。男の連れがあるようです。それも具合が悪そうで看病をしているようです。

解説はここまでにして、ここではこの場面を解析して映像的に再現してみましょう。音読するためには、この場面を想像する必要があります。手がかりは言葉です。言葉を解釈することが大切です。当時の列車や信号所については説明が必要かも知れません。

まず、車内のどこに島村がいて、娘はどこに座っているのでしょう。「向こう側の座席」とはどこにあるのでしょう。娘は「島村の前の窓を落とした」とありますが、前の窓とはどこの窓でしょう。まさか島村が座っている席の窓ではないでしょう。いきなり前に来て窓を開けて「駅長さあん」なんて叫ぶ失礼はしないでしょう。娘は、「娘は窓いっぱいに乗り出して」とありますが、どの方向に乗り出したのでしょう。駅長さんは、どの方向から来たのでしょうか。島村は、駅長さんをどのように見ているのでしょうか。

人物の配置や車内の様子、車内の混み具合、駅長がどこから歩いてきたかまで解析することが大切です。音読・朗読はこの場面を音により再現する活動です。ですから深い解釈が欠かせません。

場面を音で表現するためには、動きのことばにスピードの変化をつけたり、間と呼吸を工夫したり、早さ、強弱をつけたりして相手に場面の様子を伝えなくてはなりません。この文章の場合、動きのある動詞に注目し、人物の動きを出し、島村の見ている景色は、間と呼吸を工夫することが大切です。

「娘が立ってきて」、「ガラス窓を落とした。」「冷気が流れこんだ。」「窓いっぱいに乗り出して、」「遠くへ叫ぶように、」はスピード感を出して読みます。

クライマックスは、「駅長さあん、駅長さあん。」

ここで間を十分にとり呼吸を整えて、

「ゆっくり雪を踏んで来た男は、」、「襟巻きで鼻の上まで包み、」、「耳に帽子の毛皮を垂れていた。」と落ち着いて読みます。「踏む」、「包む」、「垂れる」等の動詞は、ゆっくりと読みます。

「バラックが山裾に寒々と散らばっている」、「雪の色はそこまで行かぬうちに闇に呑まれていた。」「呑まれていた」と、静かにおさめて終わります。〔鴨下慎一『日本語の学校』（平凡社新書）〕

(4) 繰り返し読み、感情を高める

次は、小学校の教材にも採用されているロシアの民話「大きなかぶ」を音読してみます。

大きな　かぶ

おじいさんが、かぶのたねを　まきました。

「あまい　あまい　かぶになれ。」

あまい　あまい　大きな　大きな　かぶになりました。


おじいさんは、かぶをぬこうと　しました。

「うんとこしょ、どっこいしょ。」

けれども、かぶは　ぬけません。


おじいさんは、おばあさんを　よんで　きました。

かぶを　おじいさんがひっぱって、おじいさんを　おばあさんが　ひっぱって、

「うんとこしょ、どっこいしょ。」

それでも、かぶは　ぬけません。


おばあさんは、まごをよんで　きました。

かぶを　おじいさんがひっぱって、おじいさんを　おばあさんが　ひっぱって、おばあさんを
まごが　ひっぱって、

「うんとこしょ、どっこいしょ。」

やっぱり、かぶはぬけません。

まごは、犬を　よんで　きました。

かぶを　おじいさんが　ひっぱって、おじいさんを　おばあさんが　ひっぱって、おばあさんを
まごが　ひっぱって、　まごを　犬が　ひっぱって、

「うんとこしょ、どっこいしょ。」

まだまだ、かぶは　ぬけません。


犬は、ねこを　よんで　きました。

かぶを　おじいさんが　ひっぱって、おじいさんを　おばあさんが　ひっぱって、おばあさんを
まごが　ひっぱって、まごを　犬が　ひっぱって、犬を　ねこが　ひっぱって、

「うんとこしょ、どっこいしょ。」

なかなか、かぶは　ぬけません。

ねこは、ねずみを　よんで　きました。
かぶを　おじいさんが　ひっぱって、おじいさんを　おばあさんが　ひっぱって、おばあさんを
まごが　ひっぱって、まごを　犬が　ひっぱって、　犬を　ねこが　ひっぱって、ねこを　ぬずみが
ひっぱって、
「うんとこしょ、どっこいしょ。」

とうとう、かぶは　ぬけました。

（『国語　一年上　かざぐるま』、光村図書出版）

簡単な文章ですが、「うんとこしょ、どっこいしょ。」を繰り返すうちに強い感情が増幅されていきます。クライマックスは、最後の、「『うんとこしょ、どっこいしょ。』とうとう、かぶはぬけました。」です。ボレロのように読むといいです。フルートからクラリネット、そしてオーボエ、金管から木管へ、弦楽器群に、「うんとこしょ、どっこいしょ。」です。十分に間を取って、「とうとう、かぶは　ぬけました。」

(5) 古典の調子を声でつかむ

① 和歌

百人一首は、藤原定家が選んだと言われています。京都奥嵯峨の小倉山荘の障子の色紙形に書いたと伝えられていて、古くは「小倉山荘色紙和歌」とも言われていました。定家は文暦２年（１２３５年）勅撰集「新勅撰和歌集」を選集していますが、その直後に「百人一首」を選んだと言われています。歌人は万葉の時代から、鎌倉時代までに及び、いわば王朝和歌史と言えるものです。

持統天皇
春過ぎて夏来にけらし白妙の衣乾すてふ天の香具山
壬生忠岑

有明のつれなく見えし別れより暁ばかり憂きものはなし
　伊勢大輔
古の奈良の都の八重桜けふ九重ににほひぬるかな
　大納言経信
夕されば門田の稲葉おとづれて蘆のまろやに秋風ぞ吹く
　寂蓮法師
村雨の露もまだひぬ真木の葉に霧立ちのぼる秋の夕暮

五・七・五の上の句は、分けて読みます。そして、下の句の七・七は続けて読みます。これを基本とします。上の句と下の句の間は必ず切ります。

短歌の句切（くぎれ）は、万葉時代の基本形態の五・七を二回重ね、七音で結ぶ「五・七、五・七、七」の形を持つものが古い形態です。この形態に工夫をこらし、やがて「五・七・五、七・七」といった調子に移ります。万葉時代は二句切が多く古今集では三句切が優勢です。三句切でも五七調、七五調がありますが、音読しているとだんだん分かってきます。例えば、「春過ぎて夏来にけらし白妙の」は「春過ぎて夏来にけらし」と第二句に句切をおく典型的な二句切の形式です。「古の奈良の都の八重桜」では、第一・第二の結びつきより、第二・第三の結びつきが強いです。このような格律は、七・五調として味わうのがよいでしょう。格調を考えて読むとさらに味わいが深くなります。

②　物語

「新編古典」（東京書籍）より平家物語「祇園精舎」を読んでみましょう。平家物語は、鎌倉時代に書かれた軍記物語です。内容は、平家の滅びの物語です。多くの諸本が伝わっていますが、語り本系と読み本系とに大別されます。時代の流れの中で、人はどう生きたか、まさに人生について深く考えさせられる物語です。

祇園精舎の鐘の声、諸行無常の響きあり。沙羅双樹の花の色、盛者必衰のことわりをあらはす。おごれる者も久しからず。ただ春の世の夢のごとし。猛き者もつひには滅びぬ、ひとへに風の前の塵に同じ。遠く異朝をとぶらへば、秦の趙高、漢の王莽、梁の朱异、唐の禄山、これらは皆旧主先皇の政にも従はず、楽しみをきはめ、いさめをも思ひいれず、天下の乱れんことを悟らずして、民間の憂ふるところを知らざつしかば、久しからずして、亡じにし者どもなり。近く本朝をうかがふに、承平の将門、天慶の純友、康和の義親、平治の信頼、おごれる心も猛きことも、皆とりどりにこそありしかども、まぢかくは、六波羅の入道前太政大臣平朝臣清盛公と申しし人のありさま、伝へ承るこそ心もことばも及ばれね。（巻一）

繰り返し音読し、この文章の調子を味わいましょう。句読点に従って読むとリズムだけでなくメロディーまで聞こえてきそうです。もともとこの文章は、語り物でした。耳から聞いて分かりやすいように表現が工夫され、耳に心地よい調べが工夫されています。言葉の力、声の力を実感するには繰り返し声に出して読むことが肝心です。

音読にあたっては、まず七・五の音数律が貴重です。

祇園精舎の　七　鐘の声、　五
諸行無常の　七　響きあり。　五

対句の構成を理解し対応する言葉を意識します。

祇園精舎の鐘の声、諸行無常の響きあり。
沙羅双樹の花の色、盛者必衰のことわりをあらはす。

おごれる者も久しからず。ただ春の世の夢のごとし。
猛き者もつひには滅びぬ、ひとへに風の前の塵に同じ。

遠く異朝をとぶらへば、…
近く本朝をうかがふに、…

人名はリズムよく速度をあげて読みます。

秦の趙高、漢の王莽、梁の朱异、唐の禄山
承平の将門、天慶の純友、康和の義親、平治の信頼、

漢語の強い音を生かすように少し声を張って音読します。

異朝　本朝

③　漢文

論語の各章を暗唱してみましょう。論語は孔子と門人たちの言行の記録を集めたものです。孔子は、中国、春秋時代の思想家です。名は丘、字は仲尼、儒学の始祖とされ、聖人と仰がれました。（前551年～前479年）

子曰、「性相近也。習相遠也。」　陽貨
子曰、「父母之年、不可不知也。一則以喜、一則以懼」　里仁
子曰、「吾嘗終日不食終夜不寝以思。無益。不如学也。」　衛霊公
子曰、「由。誨女知之乎。知之為知之不知為不知。是知也。」　為政
曾子曰、「吾日三省吾身為人謀而不忠乎。与朋友交而不信乎。伝不習乎。」　学而

「新編古典」（東京書籍）

「素読を授ける」ように先ず教師が読み、繰り返し素読し、漢文を読む体験をしてみましょう。


子曰はく、「性相近きなり。習ひ相遠きなり。」と。

子曰はく、「父母の年、知らざるべからざるなり。一は則ち以つて喜び、一は則ち以つて懼る。」と。

子曰はく、「吾嘗て終日食らはず、終夜寝ねず、以つて思ふ。益無し。学ぶに如かざるなり。」と。

子曰はく、「由、女に之を知るを誨へんか。之を知るを之を知ると為し、知らざるを知らずと為す。

是れ知るなり。」と。

曾子曰はく、「吾日に三たび吾が身を省みる。人の為に謀りて忠ならざるか。朋友と交はりて信ならざるか。習はざるを伝ふるか。」と。

（『論語』上・中・下、朝日文庫）

もし、子どもから語句の意味について質問があれば答えたらよいでしょう。

漢文の読み方は、「漢文訓読法」により、原文を日本語の文章（文語文）に翻訳しています。この方法は、長年に渡って工夫されています。そして、朗読に向くようになっていますので、日本語で読んでも十分に調子を持っています。中国語と日本語の調子の違いを体験してみましょう

偶成　朱熹

少(シャオ)　年(ニエン)　易(イー)　老(ラオ)　学(シユエ)　難(ナン)　成(チヨン)　　少年老いやすく学成り難し

一(イー)　寸(ツン)　光(コワン)　陰(イン)　不(ブー)　可(コー)　軽(チン)　　一寸の光陰軽んずべからず

未(ウェイ)　覚(ジユエ)　池(チー)　溏(タン)　春(チユン)　草(ツアオ)　夢(モン)　　未だ覚めず　池溏春草の夢

階（ジェ）前（チェン）梧（ウー）葉（イエ）已（イー）秋（チユウ）声（ション）　階前（かいぜん）の梧葉（ごよう）已（すで）に秋声（しゅうせい）

※中国語の発音　石川忠久『朗読で味わう漢詩』青春出版社より

七言詩の句は、二・二・三と切れます。中国語で読むと、

トン・トン　トン・トン　トン・トン・トン

という調子になり、日本人が訓読法で漢詩を読む場合と調子が違います。朗誦性に惹かれると自然に暗記してしまうでしょう。

《研究と討議のための課題》

九　音読・朗読・暗唱の意義は何でしょう。「声に出して読む」が「音読する」と表現が変更された理由を考えましょう。

十　声に出して読む日本語の豊かさとは何でしょう。事例を挙げて説明しましょう。

第六章　読むことの学習

今回の改訂では、育成すべき資質・能力を〔知識及び技能〕、〔思考力、判断力、表現力等〕、〔学びに向かう力、人間性等〕を三つの柱で整理しています。読むことの学習は、〔思考力、判断力、表現力等〕の中で「C読むこと」として内容が示されています。

1．意義と目標

(1) 意義

まず、文学作品を教材として読むことに、どのような意義があるでしょうか。

物語の中には、魅力ある人物が登場します。教材を読むことでこれらの人物と出会うことができます。登場人物が、どんな状況の中で、どんなことに直面し、どんな葛藤をして、どう行動したか、心情を想像したり生き方を考えたり、それらに共感したり、批判したりすることで、自分とは異なる人物を受け入れる心の部屋を持つことができます。この部屋は、相手を思うこと、自分のするべきことを自分で判断すること、苦しみや悲しみを乗り越え、自分の考えや想像力の源となることでしょう。また、友達との感想や意見の交流は、自分とは異なる感じ方や、見方、考え方に触れ、自分を見つめ直す契機となるでしょう。

すなわち、作中人物（作者）・友達・自分を相乗的、連環的に理解することで、新しい自己を創造することができます。ここに文学作品を読むことの意義があります。

また、作者は、日常生活ではあまり使われていない修辞語や比喩的、多義的、含意的な素敵な言葉で物語を描いています。自分の体験や経験を駆使して、言葉を想像し、解釈することで、それらの言葉を自分の言葉として使えるようになるでしょう。つまり、物語を読むことは、感性や情緒、美しい情景を表す多様な表現を味わい、これらの言葉を使うことができる感性的なコミュニケーション力を身に付けることができます。

次に説明文を読む学習の意義はどうでしょうか。第一は、情報を得て、それを正しく判断したり、活用したりする力を身に付けることができることです。現代の子どもは、テレビのリモコンやパソコンのボタンを押すことで、世界中の情報を手にすることができます。正確には、情報の海の中で生活していると言っても過言でないでしょう。この情報化社会では、情報を正確に、素早く読み、判断したり、処理したりする能力が欠かせません。手にしている情報が正しいものか、使えるものなのかを判断したり、情報を選んだりすることが欠かせません。

また、この情報は言葉によるものだけでなく、映像や写真、図表やグラフ、解説やパンフレット等の非連続的な言語情報を含みます。これらの情報を読み取り、他の情報と比べたり、集めたり、整理したり、作り直したりすることは、情報化社会の中で主体的に生きるために必要な資質です。説明文を読む学習を通して、情報の持つ論理や展開、形式を理解し、考え、評価して自ら活用できる論理的なコミュニケーション力を伸ばすことができます。

読むことの学習は、言葉を意識し、言葉を追究し、考究し、解釈し、批評・熟考・評価・論述する言語活動を通して、言語感覚を豊かにし、主体的に読む能力と態度を養います。また、とりわけ読書は、知識を増やし、どのような現実もしっかり受け止める柔軟な心の空間を育むことができます。それは、心を動かしている自分に自分が出会い、本を通して自分を知り、確かめていくという喜びでもあるでしょう。

このように、読むことの学習は、個人の人間形成の骨格である感性や情緒、教養・価値観の形成に直結するものです。また、時代から時代へ、何百年もの間に祖先が築き上げてきた言語文化を次の世代を担う子どもに伝えていく、人間の精神と魂のリレーであると言えます。

(2) 目標

国語科の目標は、言葉による見方、考え方を働かせ、言語活動を通して、国語を正確に理解し適切に表現する資質・能力を育成することです。これを受けて、(1)の〔知識及び技能〕に関する目標は、全学年同じです。日常生活で必要な国語の知識や技能を身に付けること、我が国の言語文化に親しんだり理解したりすることができるようにすることを示しています。(2)の〔思考力、判断力、表現力等〕に関する目標は、考える力や感じたり想像したりする力を養うこと、日常生活における人との関わりの中で伝え合う力を高め自分の思いや考えをもつことなどができるようにすることを系統的に示しています。具体的には内容の〔思考力、判断力、表現力等〕に示されている「A話すこと・聞くこと」、「B書くこと」、「C読むこと」のことです。(3)の〔学びに向かう力、人間性等〕関する目標には、言葉のもつよさを感じること、読書することと、国語を大切にして思いや考えを伝え合おうとする態度を系統的に示しています。各学年の目標をこの国語の目標(1)、(2)、(3)に対応して、2学年のまとまりで示しています。(2)〔思考力、判断力、表現力等〕の学年の目標は、次のとおりです。

〔第1学年及び第2学年〕

(2)　順序立てて考える力や感じたり想像したりする力を養い、日常生活における人との関わりの中で伝え合う力を高め、自分の思いや考えをもつことができるようにする。

〔第3学年及び第4学年〕

(2)　筋道立てて考える力や豊かに感じたり想像したりする力を養い、日常生活における人との関わりの中で伝え合う力を高め、自分の思いや考えをまとめることができるようにする。

〔第5学年及び第6学年〕

(2)　筋道立てて考える力や豊かに感じたり想像したりする力を養い、日常生活における人との関わりの中で伝え合う力を高め、自分の思いや考えを広げることができるようにする。

「C読むこと」は、言葉に着目し、言葉で考え、感じ、想像する力を養います。作中の人物や、筆者、新たな知識や思想に触れ、人との関わりの中で伝え合う力を高めます。読むことを通して、自分の思いや考えを「もつ」、「まとめる」、「広げ」ます。また、(1)基盤となる言葉の知識及び技能を習得し、言葉のもつよさを「感じる」、「気付く」、「認識する」ことで、考えを形成します。(3)読むことで、心を豊かにし、社会との関わり、自他の存在について理解を深めます。そして、読書を「楽しみ」、「幅広く」、「進んで」

することで、国語科で目指す資質・能力を伸ばします。

また、ＯＥＣＤの「生徒の学習到達度調査」（ＰＩＳＡ）で測定している読解力Reading Literacyに留意することが大切です。ＰＩＳＡは、読解力「Reading Literacy」を、

読解力とは、自らの目標を達成し、自らの知識と可能性を発達させ、効果的に社会に参加するために、テキストを理解し、利用し、評価し、熟考し、これに取り組むこと

と定義しています。これは学習指導要領「Ｃ読むこと」の目標及び内容とほぼ一致するものです。これからの「Ｃ読むこと」の指導は、学習者である子どもが、目的を持って主体的に読む姿勢や態度を養うことが大切です。子どもが、目的を持って、自ら学び、言語活動を通して言葉の知識や技能を習得し、正確に読む力を身に付け、考えを深めたり、広げたり、よりよい判断をしたり、適切に表現する力を高めていくことが大事です。文章と写真や図表などを関係づけて読んだり、書き方や効果に注意したり、また、内容について自分の考えを明確にしたり、自分の考えを広げたり深めたりするために、複数の本を読んだりすることが重要です。また、読んで自分の考えたことを話し合ったり書いたりすることを習慣づけることが大切です。説明内容と説明の仕方など、教材を批評することもタブーではありません。さらにまた図書館の本を読んだり調べたりする力を育成することが大事です。教科書を細かく教える指導や一問一答の教授を転換しなくてはなりません。

2. 指導内容

各学年の指導内容は、学習過程に沿って、指導事項と言語活動例で構成されています。

〔思考力、判断力、表現力等〕C　読むこと

〈構造と内容の把握〉

〔第1学年及び第2学年〕

ア　時間的な順序や事柄の順序などを考えながら、内容の大体を捉えること。

イ　場面の様子や登場人物の行動など、内容の大体を捉えること。

〔第3学年及び第4学年〕

ア　段落相互の関係に着目しながら、考えとそれを支える理由や事例との関係などについて、叙述を基に捉えること。

イ　登場人物の行動や気持ちなどについて、叙述を基に捉えること。

〔第5学年及び第6学年〕

ア　事実と感想、意見などとの関係を叙述を基に押さえ、文章全体の構成を捉えて要旨を把握すること。

イ　登場人物の相互関係や心情などについて、描写を基に捉えること。

〈精査・解釈〉

〔第1学年及び第2学年〕

ウ　文章の中の重要な語や文を考えて選び出すこと。

エ　場面の様子に着目して、登場人物の行動を具体的に想像すること。

〔第3学年及び第4学年〕

ウ　目的を意識して、中心となる語や文を見付けて要約すること。

エ　登場人物の気持ちの変化や性格、情景について、場面の移り変わりと結び付けて具体的に想像すること。

〔第5学年及び第6学年〕

ウ　目的に応じて、文章と図表などを結び付けるなどして必要な情報を見付けたり、論の進め方について考えたりすること。

エ　人物像や物語などの全体像を具体的に想像したり、表現の効果を考えたりすること。

〈考えの形成〉

〔第1学年及び第2学年〕

オ　文章の内容と自分の体験とを結び付けて、感想をもつこと。

〔第3学年及び第4学年〕

オ　文章を読んで理解したことに基づいて、感想や考えをもつこと。

〔第5学年及び第6学年〕

オ　文章を読んで理解したことに基づいて、自分の考えをまとめること。

〈共有〉

〔第1学年及び第2学年〕

カ　文章を読んで感じたことや分かったことを共有すること。

〔第3学年及び第4学年〕

カ　文章を読んで感じたことや考えたことを共有し、一人一人の感じ方などに違いがあることに気付くこと。

〔第5学年及び第6学年〕

カ　文章を読んでまとめた意見や感想を共有し、自分の考えを広げること。

〈言語活動例〉

〔第1学年及び第2学年〕

ア　事物の仕組みを説明した文章などを読み、分かったことや考えたことを述べる活動。

イ　読み聞かせを聞いたり物語などを読んだりして、内容や感想などを伝え合ったり、演じたりする活動。

ウ　学校図書館などを利用し、図鑑や科学的なことについて書いた本などを読み、分かったことなどを説明する活動。

〔第3学年及び第4学年〕

ア　記録や報告などの文章を読み、文章の一部を引用して、分かったことや考えたことを説明したり、意見を述べたりする活動。

イ　詩や物語などを読み、内容を説明したり、考えたことなどを伝え合ったりする活動。

ウ　学校図書館などを利用し、事典や図鑑などから情報を得て、分かったことなどをまとめて説明する活動。

〔第5学年及び第6学年〕

ア　説明や解説などの文章を比較するなどして読み、分かったことや考えたことを、話し合ったり文章にまとめたりする活動。

イ　詩や物語、伝記などを読み、内容を説明したり、自分の生き方などについて考えたことを伝え合ったりする活動。

ウ　学校図書館などを利用し、複数の本や新聞などを活用して、調べたり考えたりしたことを報告する活動。

今回の改訂では、学習過程を一層明確にし各指導事項を位置付けています。この学習過程は指導内容を示すものであり、必ずこの順序で指導することではありません。学習過程を明確にし、〈考えの形成〉を重視しています。今回も言語活動例を内容に入れ、各学年の読むことの指導事項は、例えば、「次のような言語活動を通して指導するものとする」としています。言語活動を通して能力を身に付る指導法を明確にしています。言語活動例を整理し、例示されている以外の言語活動の開発を期待しています。言語活動を「何々しなさい」と指示するばかりではなく、その見通しや方法を指導することが大切です。また、重要です。

〔知識及び技能〕の「読書」に関する事項との関連を図り、日常の読書活動に結び付くようにすることが

〔知識及び技能〕(3)　我が国の言語文化に関する事項

〔第1学年及び第2学年〕

エ　読書に親しみ、いろいろな本があることを知ること。

〔第3学年及び第4学年〕

オ　幅広く読書に親しみ、読書が、必要な知識や情報を得ることに役立つことに気付くこと。

〔第5学年及び第6学年〕

オ　日常的に読書に親しみ、読書が、自分の考えを広げることに役立つことに気付くこと。

3．指導過程

(1)　従来の「読むこと」の指導過程

読みの指導過程は、言語能力を付けるための指導法として、三読法と一読総合法の二つの方法が多く取り入れられてきました。それぞれの特質を概略すると、次のようです。

ア　三読法

解釈学的な理論に従った実践過程です。現在も多くの教師がこの方法で指導をしています。通読（全

体）、精読（分析）、味読（まとめ）という段階をとる指導過程です。

①　全文を読み通す
②　感想を持ち指導計画を立てる
③　文章を精査する
④　文意を確認する
⑤　文型、語句、文字の練習
⑥　学習のまとめ・評価

という流れで指導します。文意の内容を把握した味読段階では、子どもが「ふきだし」を書いたり、気持ちを想像して書き手に代わって文章を書いたりすることもあります。子どもは、自分の持つ言語能力を駆使して、全体　部分　全体を繰り返し読む認識過程を踏みます。全体から部分と読みますから、今日はどの学習か、分かりやすいですが、問題点もあります。子どもの個人差にどう対応するか、一人一人の良さを評価する形成的な評価をどうするか、教師の教授が中心であり、あまりにも精読しすぎたり、繰り返したりすると、学習意欲が減退するなどの未解決の問題があります。

イ　一読総合法

この読み方は、はじめに全体を通読することはしません。最初から少しずつ部分、部分を言葉に立ち止まりながら読んでいきます。分析的に読むことを積み重ねることで総合的に読めるようにします。最後の部分を読み終えた時、文章の読みを総合したとする読み方です。通読をしてしまえば、子どもは結末を知ってしまいます。これでは、第一読の持つ緊張感を喪失させてしまいます。言葉を信号として受信し、子どもが表象を描くことによって相互関係を見出し、統一を求めて思想を創造していく過程です。

①　題名読み
②　立ち止まり読み
③　書き込み
④　書き出し
⑤　話し変え
⑥　表現読み

などの学習活動を基本としています。絶えず次の文章への期待感があり、言葉の意味や働きに敏感に反応する力が付くなどの利点があります。学習方法も分かりやすく、また個人の作業が中心になるので集中力も付きます。しかし、学習全体の見通しが見えず、今日の学習が、全体に対して、どんな価値があるかの位置付けが弱く、さらに部分、部分と区切って読むことそのものが、子どもの認識過程に合っているのかという批判があります。

二つの指導法について概括しましたが、実際は両者を組み合わせたり、それぞれの弱点を克服するために指導の工夫をしているのが現状です。両者とも教師が、子どもの言語能力をどのように伸ばすか、という視点から開発された指導法であり、今現在、求められている学習指導要領の内容を実現する指導法かどうかというと疑問が生じます。

今、求められている国語科教育は、子ども自身が目的を持って学び、自己実現を図るために必要な言語能力を高め、知識をふやし、自分の可能性を発達させ、主体的に理解し、利用し、熟考する力を付けることです。各学年の指導内容に言語活動例が入り、読むことの能力は、例えば、「次のような言語活動を通して指導するものとする」と示されています。国語の知識や技能は、一人一人の子どもが目的をもった言語活動を実現し、主体的な学びを通して習得させるという考え方です。従来の指導法では無理があります。いかに子どもに主体的に学ばせるか、という考え方で指導過程を創出していくことが求められています。学ぶ意欲や態度、課題を見つける力、言葉の知識や技能、能力を発達させるのは、自分自身です。自分の血や肉とするには、自ら学ぶしかありません。

２０２０（令和２）年度から新しい指導要領が実施されました。知識基盤社会に「生きる力」を養う教育の実現には、自らの目標を達成し、自らの知識と可能性を発達させ、効果的にこの社会に参加するために、〔思考力、判断力、表現力等〕を養い、その基盤となる国語の〔知識及び技能〕を確実に獲得できる国語科教育が必要です。このためには、いかに教授するかではなく、いかに学ばせるか、時には教師も入った〔主体的、対話的な深い学び〕を目指さなくてはなりません。いかに学び合うかというドッジボール型の教育にシフトを変える必要があります。

(2)　自ら学ぶ意欲や態度を養う指導過程

では、指導過程をどのように考えたらよいのでしょうか。ヒントは、何を教え、どう育てるかにあります。今までの教授の経験を生かしつつ、一人一人の学びを基調とした子ども同士の学び合いを重視することです。１時間の授業では、子どもが目標と学習の見通しを持ち、学習活動に取り組めるようにすることが重要です。そのためには、教師は、子どもが「やってみよう」、「面白そうだ」と関心と意欲を持てる言

ＰＩＳＡ型読解力の構造とプロセス

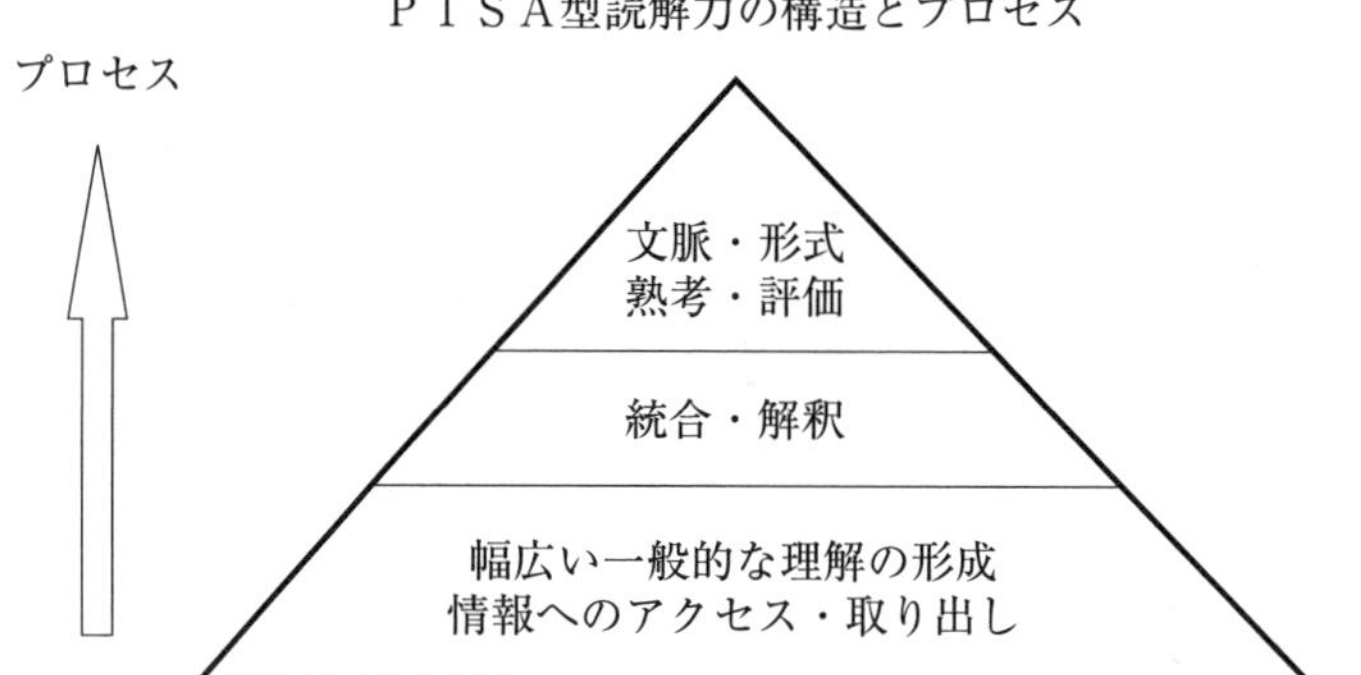

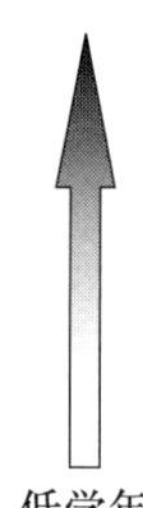

語活動を用意することが肝心です。教師は、言語活動の見通しと方法を教え、させてみる・やらせてみることが重要です。ここから出発して、学習状況を観点別に形成的に評価し、子どもの良さを引き出していくことが大切です。

授業であるからには指導は不可欠です。指導の重点をいかに学ばせるかに移します。とりわけ、目的を持った言語活動が重要です。言語活動を具体的に分かりやすい活動にします。また、子どもの言語活動をどう価値付けるか、言語活動を常に冷静に評価することが肝心です。言語活動は、指導事項を実現するためのものであり、子どもが自らの知識を増やし、技能を身に付けるためには、言語活動がよくできるようにすることが大切です。言語活動そのものに対する教師の指導力が問われるところです。

また、目標を持った言語活動であること、その言語活動を振り返り自己評価し、課題を見つける力を付けることが大切です。一単位時間の学習過程は、

①課題の把握
②課題解決のための言語活動
③振り返り

を基本とするのがよいでしょう。

学ぶ意欲や態度を養うためには、教師の教材研究が不可欠です。国語科の学びは言葉を通じた理解や表現及びそこに用いられる言葉そのものを学習対象としています。教師には、教材の内容と構造の理解とその精査・解釈、熟考・評価力が問われます。〔主体的、対話的で深い学び〕の〝深い学び〟の実現には、教師の読む力、感性・教養・価値観が問われます。教材研究が重要です。教師同士の教材開発が必要です。この教材を通して何を学ぶか。何をできるようにするのか、どのように学ばせるのか。一人一人の学びをどう支援するのか。何が身に付いたのか、教師の指導力が問われます。

読むことの構造は、ＯＥＣＤの「生徒の学習到達度調査」（ＰＩＳＡ）で測定している読解力（Reading Literacy）のプロセスが参考になります。

文学教材及び説明文教材の学習構造は、

① 構造と内容の把握　→　情報へのアクセス・取り出し
② 精査・解釈　→　統合・解釈
③ 考えの形成　→　熟考・評価
④ 共有

となり、具体的な学習は次のような内容となります。

	情報へのアクセス・取り出し	統合・解釈	
文学教材を読む学習	1．どんなことが起こり、どうなったのか 全体を読み通し、物語の展開を読む ・文字を読む（音読・朗読・黙読） ・語、文、あらすじなどを理解する ・登場人物や出来事の大体を読む ・語句、漢字等を学ぶ 2．登場人物の言動や場面の様子を読む ・だれがどのように変わったか ・場面の展開（起承転結） ・人物の言動（語句　会話　キーワード） ・表現方法…比喩 含意的な表現 修辞語 題名　結末	3．人物の変容について自分なりの感想や意見を持つ ・内容と表現について解釈する ・人物に変容について考究する	4．作品についてどう思うか
説明文教材を読む学習	1．筆者は何をどう説明しているか 全体を読み通し、どんなことが書かれているかを読む ・文字を読む（音読・黙読） ・語、文、段落などを理解する ・内容について大体を読む ・語句、漢字等を学ぶ 2．筆者の説明の仕方や意図は何かを読む ・何がどのように書かれているか ・構成（順序　段落　要点　要旨） ・事柄（語句　文　キーワード） ・説明方法…語の定義 接続語 文末、文体 題名と事例　図表　結末	3．筆者の説明は分かりやすいか ・内容と表現について解釈する ・内容や事柄ついて考究する	4．筆者は何をどう説明すべきか

熟考・評価
内容と表現・形式を批評する ・主題 ・表現 ・展開
内容と表現・形式を批評する ・呼応関係：問いと答え ・対比関係：時間的対比　空間的対比　内容的対比 ・類比関係：事例と一般化　具体と抽象　上位概念と下位概念 ・並列関係：空間的な順序　重要さの順序 ・因果関係：原因と結果　理由と主張　時間的順序

① **情報へのアクセス・取り出し（構造と内容の把握、共有）**

書かれている内容を正確に読み取ることが第一の段階です。文学的な文章では、どのようなお話か、場面の展開や登場人物、粗筋など、説明的な文章では、筆者は何をどう説明しているか。序論（おこす）、本論（とく）、結論（まとめる）の関係について、どんなことを書いているか、全体を読み通して内容をつかみます。既習の知識や技能をベースに、目的を明確にして読みます。文字を正確に音読したり、難語句を調べたり、場面や段落、語句や文章の構造と内容を正確に読み一般的な理解を形成します。

② **統合・解釈（精査・解釈、共有）**

文学的な文章では、なぜ主人公がこんなことを言ったのか、行動を取ったのか等、言葉を考究し、想像力を働かせて解釈します。根拠とする叙述を手がかりとしますが、文意を読み手が解釈して想像します。説明的な文章では、筆者の説明の仕方や意図は何かを解釈します。何をどのように書いているか。語句や文、キーワード等について精査・解釈します。また、構成（順序、段落、キーセンテンス）、要点、段落相互の関係、叙述（事実と意見・文末の吟味）、要旨等を読み取り、意味を解釈します。また、説明方法、語の定義、接続語、文末、文体、図表、題名と事例等々についても理解し、効果について考えを持てるようにします。

③　熟考・評価　（考えの形成、共有）

文学教材では、実際に叙述されていない行間を想像したり、主題や作品の価値について自分なりに考えます。説明文では、この説明は分かりやすいか。語句や文として書かれている内容について、自らの知識や経験に関連づけて考えます。それぞれの表現の方法や展開の仕方、主題や要旨について「熟考・評価」し考えを形成します。また、展開の仕方、序論（おこす）本論（とく）結論（まとめる）等の論理の仕方や形式について批評します。読んで得たことを自分のものとして活用するために、複数の本を読んだり比べたり、解説の文章を読んだりします。

4．文学教材の指導案の作成と模擬授業

ここでは、事例を読み、実際に指導案を作成し、模擬授業を実施してみましょう。

(1) 事例

1．学年　○○小学校　第3学年1組　児童数　35名
2．単元名　本と友達になろう　教材「手袋を買いに」新美南吉作
3．単元の目標
場面の変化や情景、人物の言動を叙述をもとにして読み、物語を読む楽しさを味わう。また、他の文学作品を読み、友達に紹介したりして、読書を広げようとする態度を養う。
4．領域「C　読むこと」
①〔思考力・判断力・表現力等〕C読むこと
イ　登場人物の行動や気持ちなどについて、叙述を基に捉えること。
エ　登場人物の気持ちの変化や性格、情景について、場面の移り変わりと結び付けて具体的に想像すること。
オ　文章を読んで理解したことに基づいて、感想や考えをもつこと。
カ　文章を読んで感じたことや考えたことを共有し、一人一人の感じ方などに違いがあることに気付くこと。
〈言語活動例〉
イ　詩や物語などを読み、内容を説明したり、考えたことなどを伝え合ったりする活動。

ウ　学校図書館などを利用し、事典や図鑑などから情報を得て、分かったことなどをまとめて説明する活動。

②〔知識及び技能〕

〈言葉の特徴や使い方に関する事項〉

エ　当該学年までに配当されている漢字を読むこと。

オ　様子やを表す語句を理解し、語彙を豊かにすること。

カ　修飾と被修飾との関係、語句の役割を理解すること。

ク　文章全体の構成や内容の大体を意識しながら音読すること。

〈我が国の言語文化に関する事項〉

オ　幅広く読書に親しみ、読書が、必要な知識や情報を得ることに役立つことに気付くこと。

5．指導時間　16時間

(2)　**教材とする作品**

手袋を買いに　　新美南吉

寒い冬が北方から、狐（きつね）の親子の棲（す）んでいる森へもやって来ました。

或朝（あるあさ）洞穴（ほらあな）から子供の狐が出ようとしましたが、

「あっ」と叫んで眼(め)を抑えながら母さん狐のところへころげて来ました。

「母ちゃん、眼に何か刺さった、ぬいて頂戴(ちょうだい)早く早く」と言いました。

母さん狐がびっくりして、あわてふためきながら、眼を抑えている子供の手を恐る恐るとりのけて見ましたが、何も刺さってはいませんでした。母さん狐は洞穴の入口から外へ出て始めてわけが解(わか)りました。昨夜のうちに、真白な雪がどっさり降ったのです。その雪の上からお陽(ひ)さまがキラキラと照していたので、雪は眩(まぶ)しいほど反射していたのです。雪を知らなかった子供の狐は、あまり強い反射をうけたので、眼に何か刺さったと思ったのでした。

子供の狐は遊びに行きました。真綿(まわた)のように柔(やわら)かい雪の上をかけ廻(まわ)ると、雪の粉(こ)が、しぶきのように飛び散って小さい虹(にじ)がすっと映るのでした。

すると突然、うしろで、

「どたどた、ざーっ」と物凄(ものすご)い音がして、パン粉のような粉雪(こなゆき)が、ふわーっと子狐におっかぶさって来ました。子狐はびっくりして、雪の中にころがるようにして十米(メートル)も向こうへ逃げました。何だろうと思ってふり返って見ましたが何もいませんでした。それは樅(もみ)の枝から雪がなだれ落ちたのでした。まだ枝と枝の間から白い絹糸のように雪がこぼれていました。

間もなく洞穴へ帰って来た子狐は、

「お母ちゃん、お手々が冷たい、お手々がちんちんする」と言って、濡(ぬ)れて牡丹色(ぼたんいろ)になった両手を母さん狐の前にさしだしました。母さん狐は、その手に、は――っと息をふっかけて、ぬくとい母さんの手でやんわり包んでやりながら、

「もうすぐ暖くなるよ、雪をさわると、すぐ暖くなるもんだよ」といいましたが、かあいい坊やの手に霜焼ができてはかわいそうだから、夜になったら、町まで行って、坊やのお手々にあうような毛糸の手袋を買ってやろうと思いました。

暗い暗い夜が風呂敷のような影をひろげて野原や森を包みにやって来ましたが、雪はあまり白いので、包んでも包んでも白く浮びあがっていました。

親子の銀狐は洞穴から出ました。子供の方はお母さんのお腹の下へはいりこんで、そこからまんまるな眼をぱちぱちさせながら、あっちやこっちを見ながら歩いて行きました。

やがて、行手にぽっつりあかりが一つ見え始めました。それを子供の狐が見つけて、

「母ちゃん、お星さまは、あんな低いところにも落ちてるのねえ」とききました。

「あれはお星さまじゃないのよ」と言って、その時母さん狐の足はすくんでしまいました。

「あれは町の灯なんだよ」

その町の灯を見た時、母さん狐は、ある時町へお友達と出かけて行って、とんだめにあったことを思出しました。およしなさいっていうのもきかないで、お友達の狐が、或る家の家鴨を盗もうとしたので、お百姓に見つかって、さんざ追いまくられて、命からがら逃げたことでした。

「母ちゃん何してんの、早く行こうよ」と子供の狐がお腹の下から言うのでしたが、母さん狐はどうしても足がすすまないのでした。そこで、しかたがないので、坊やだけを一人で町まで行かせることになりました。

「坊やお手々を片方お出し」とお母さん狐がいいました。その手を、母さん狐はしばらく握っている間

に、可愛いい人間の子供の手にしてしまいました。坊やの狐はその手をひろげたり握ったり、抓って見たり、嗅いで見たりしました。

「何だか変だな母ちゃん、これなあに？」と言って、雪あかりに、またその、人間の手に変えられてしまった自分の手をしげしげと見つめました。

「それは人間の手よ。いいかい坊や、町へ行ったらね、たくさん人間の家があるからね、まず表に円いシャッポの看板のかかっている家を探すんだよ。それが見つかったらね、トントンと戸を叩いて、今晩はって言うんだよ。そうするとね、中から人間が、すこうし戸をあけるからね、その戸の隙間から、こっちの手、ほらこの人間の手をさし入れてね、この手にちょうどいい手袋頂戴って言うんだよ、わかったね、決して、こっちのお手々を出しちゃ駄目よ」と母さん狐は言いきかせました。

「どうして？」と坊やの狐はききかえしました。

「人間はね、相手が狐だと解ると、手袋を売ってくれないんだよ、それどころか、掴まえて檻の中へ入れちゃうんだよ、人間ってほんとに恐いものなんだよ」

「ふーん」

「決して、こっちの手を出しちゃいけないよ、こっちの方、ほら人間の手の方をさしだすんだよ」と言って、母さんの狐は、持って来た二つの白銅貨を、人間の手の方へ握らせてやりました。

子供の狐は、町の灯を目あてに、雪あかりの野原をよちよちやって行きました。始めのうちは一つきりだった灯が二つになり三つになり、はては十にもふえました。狐の子供はそれを見て、灯には、星と同じように、赤いのや黄いのや青いのがあるんだなと思いました。やがて町にはいりましたが通りの家々はもうみんな戸を閉めてしまって、高い窓から暖かそうな光が、道の雪の上に落ちているばかりでした。

けれど表の看板の上には大てい小さな電燈がともっていましたので、狐の子は、それを見ながら、帽子屋を探して行きました。自転車の看板や、眼鏡の看板やその他いろんな看板が、あるものは、新しいペンキで画かれ、あるものは、古い壁のようにはげていましたが、町に始めて出て来た子狐にはそれらのものがいったい何であるか分らないのでした。

とうとう帽子屋がみつかりました。お母さんが道々よく教えてくれた、黒い大きなシルクハットの帽子の看板が、青い電燈に照されてかかっていました。

子狐は教えられた通り、トントンと戸を叩きました。

「今晩は」

すると、中では何かことこと音がしていましたがやがて、戸が一寸ほどゴロリとあいて、光の帯が道の白い雪の上に長く伸びました。

子狐はその光がまばゆかったので、めんくらって、まちがった方の手を、――お母さまが出しちゃいけないと言ってよく聞かせた方の手をすきまからさしこんでしまいました。

「このお手々にちょうどいい手袋下さい」

すると帽子屋さんは、おやおやと思いました。狐の手です。狐の手が手袋をくれと言うのです。これはきっと木の葉で買いに来たんだなと思いました。そこで、

「先にお金を下さい」と言いました。子狐はすなおに、握って来た白銅貨を二つ帽子屋さんに渡しました。帽子屋さんはそれを人差指のさきにのっけて、カチ合せて見ると、チンチンとよい音がしましたので、

これは木の葉じゃない、ほんとのお金だと思いましたので、棚（たな）から子供用の毛糸の手袋をとり出して来て子狐の手に持たせてやりました。子狐は、お礼を言ってまた、もと来た道を帰り始めました。

「お母さんは、人間は恐ろしいものだって仰有（おっしゃ）ったがちっとも恐ろしくないや。だって僕の手を見てもどうもしなかったもの」と思いました。けれど子狐はいったい人間なんてどんなものか見たいと思いました。

ある窓の下を通りかかると、人間の声がしていました。何というやさしい、何という美しい、何と言うおっとりした声なんでしょう。

「ねむれ　ねむれ
母の胸に、
ねむれ　ねむれ
母の手に――」

子狐はその唄声（うたこえ）は、きっと人間のお母さんの声にちがいないと思いました。だって、子狐が眠る時にも、やっぱり母さん狐は、あんなやさしい声でゆすぶってくれるからです。

するとこんどは、子供の声がしました。

「母ちゃん、こんな寒い夜は、森の子狐は寒い寒いって啼（な）いてるでしょうね」

するると母さんの声が、

「森の子狐もお母さん狐のお唄をきいて、洞穴の中で眠ろうとしているでしょうね。さあ坊やも早くねんねしなさい。森の子狐と坊やとどっちが早くねんねするか、きっと坊やの方が早くねんねしますよ」

それをきくと子狐は急にお母さんが恋しくなって、お母さん狐の待っている方へ跳んで行きました。

お母さん狐は、心配しながら、坊やの狐の帰って来るのを、今か今かとふるえながら待っていましたので、坊やが来ると、暖い胸に抱きしめて泣きたいほどよろこびました。

二匹の狐は森の方へ帰って行きました。月が出たので、狐の毛なみが銀色に光り、その足あとには、コバルトの影がたまりました。

「母ちゃん、人間ってちっとも恐かないや」

「どうして?」

「坊、間違えてほんとうのお手々出しちゃったの。でも帽子屋さん、掴まえやしなかったもの。ちゃんとこんないい暖い手袋くれたもの」

と言って手袋のはまった両手をパンパンやって見せました。お母さん狐は、

「まあ!」とあきれましたが、「ほんとうに人間はいいものかしら。ほんとうに人間はいいものかしら」

とつぶやきました。

（『新美南吉童話集』、岩波文庫）

(3)　教材研究

先ず教材を読んで、指導内容（事項）と言語活動例を念頭に、教材のどの部分をどのように扱えば、指

導事項を達成できるか、読むことの能力を高めることができるか、指導の目標に照らして、教材性を見つけてみましょう。それは作品を教材化することであり、作品のどこに教材的な価値があるかを明確にすることです。そして、それらを学習活動として組織します。作品そのものを分析し、そこから教材としての価値を選択することが必要です。作品分析と教材研究を混同しないようにすることが重要です。

〈教材研究の方法〉

①　場面を区切りながら文章全体を読み粗筋を理解する

・場面の展開は子どもを引きつけるものか

・登場人物の性格、人物相互の関係、気持ちの変化を読むことができるか。子どもが共感したり同化したりできるか。心を動かして読むことができる内容か

②　表現上の特色と場面の構成を読む

・場面の構成を子どもは捉えやすいか。話の展開は面白いか、分かるか

・叙述を基にして読む教材として適切か。語句、文は適しているか

③　単元の位置付けとねらいを明確にする

・低学年では、場面の様子や登場人物の行動を中心に想像を広げながら読む学習をしている。3年生で初めての文学教材である。この単元の学習の重点を考える。人物の言動や語句、文など。読書を広げる方策について具体的な言語活動を考える

④　評価規準を明確にする

・知識・技能

・思考・判断・表現　C読むこと
・主体的な学習に取り組む態度
教材をよく読み、どんな学習にするのかイメージを持ち、指導計画を作成します。作品分析を通して得たもののなかから、教材として何を選択し精選するか、指導者がしっかりと考えることが大切です。

(4)　指導計画の考案

(1)事例を読みながら、第4章　2．指導案の作成(2)を参考にして考案しましょう。

①　題名

指導案の題名、実施日、学年、児童数、指導者として自分の名前を書きます。

②　単元名

単元名を書きます。(1)事例の2

③　単元の目標

単元の目標を書きます。(1)事例の3を参考にして考えましょう。

④　評価規準

・知識・技能
・思考・判断・表現　C読むこと
・主体的に学習に取り組む態度
三観点で設定します。必要があれば、書くこと、話す・聞くことを加えることができます。(1)事例の４の「領域と指導内容」を基に設定しましょう。

⑤　**単元設定の理由**

・この単元での学習の意義について
・教材の価値と読むことの能力の育成について
・指導の系統性について
三つの視点から単元の設定理由を具体的に書きましょう。

⑥　**各時間の指導計画**

・⑴事例の５　16時間扱いとする。
・形式　第４章　２．指導案の作成を参考にする。
・主な学習活動の違いは、第１次、第２次、第３次…とする。
・教材の読み、読書紹介の言語活動をどのように設定するか考える。

⑦　**本時の指導**

・16時間扱いの指導計画から、本時の指導（○／16）の細案を作成する。
・形式　第４章　２．指導案の作成を参考にする。

⑧　**配慮事項や工夫点**

・毎時間、音読するようにする。
・子ども一人一人が教材を読み、それをもとにした話し合いを楽しくさせる。話し合いでは、いろいろな考えが出るように工夫する。

・人物の心情を中心にして読み、自分なりの感想や考えを持てるようにする。
・情景を表す言葉に注意して読む。
・読書活動につなげるようにする。
・本の紹介例を示し、方法を分かりやすくする。

以上のような配慮事項を参考にしましょう。重点的に取り組むこと、具体的な活動、ワークシートや資料等の準備等、配慮事項や工夫点を書きます。また、既習していない「書くこと」の活動を設定するならば、書くために必要な知識・技能の指導事項を設定し、評価規準欄に「書く能力」を加えます。同じように「話すこと・聞くこと」についても取り扱います。

⑨　**児童の実態**
・ここでは省略する。

⑩　**教科書以外の資料**
・教材として読んだ新美南吉作「手袋を買いに」と関連した他の本や文章などを読むために必要な支援について考える。
・学校図書館でどのようにして本を選ぶか。紹介に関する支援や本の選択に関わる配慮事項等を考える。

(5)　模擬授業

指導計画を準備できたらいよいよ授業です。模擬授業を見合う観点として、次のことからいくつか選ん

で学び合いましょう

①　明確な目的意識を持った言語活動であること
②　そこで身に付ける知識や技能を明確にし習得すること
③　学習方法（言語活動）やポイントを教えること
④　言語活動を通して、自ら課題を見つける力を育て、主体性な学びを経験させること
⑤　課題を探究する学習（学び）を保障し、思考力・判断力、表現力を引き出すこと
⑥　目標に到達するプロセスを明確にしているか。学習のプロセスが分かること
⑦　話すこと・聞くことの伝え合う力を育てているか。学び合う礎をつくること
⑧　学習の振り返りをしているか。自己評価できること

(6)　解説

この学習は、物語を読む楽しさを味わうことが重要です。音読したり、人物の性格や気持ちの変化、情景を叙述を基に想像して読む力を養うことが重要です。文学作品は、読んだことを伝え合う交流を通してさらに深く味わうことができます。ここでの読みの楽しさが、読書活動につながり、興味・関心を広げることができるでしょう。

作品の味わいや感動は、読むこと、書くこと、話すこと・聞くことの言語活動によって発現します。ここで中心となるのは読むことです。読む力の基盤である場面の様子や展開、人物の心情を叙述を基に想像したり解釈したりする技能・知識（能力）を言語活動を通して身に付けることが肝心です。

模擬授業では、どのような言語活動を通して、どのように技能や知識を獲得しようとしているか、読む能力を付けることができたか、そのための言語活動は適切であるか、言語活動を子どもは楽しく、意欲的にできそうか。感動や味わいを持てそうか、協議してみましょう。

全員が45分の授業するのは時間的に無理ならば、一人10分程度として、最初の課題把握（導入）、又は振り返り（まとめ）にしぼってもよいと思います。課題把握では、本時のねらいを確認し、あるいはねらいについての関心・意欲を高揚させたり、言語活動にどのように取り組むか、その方法や具体的な流れを説明したりします。言語活動の内容について、例えばワークシートがあればそれについて説明をします。最初の10分で、今日の授業の全体の見通しを持つことが大切です。「やってみたい」、「できそうだ」、「面白そうだ」と思わせることが勝負です。

また振り返り（まとめ）では、読むことの能力が獲得できたか、子どもが自らの言語活動を評価したり相互に評価し合ったり、教師による評価も併せて、授業のねらいについて確認することが肝心です。はじめと最後は教師が最も活躍しなければならない場面であり、ここを中心に模擬授業をして学び合いましょう。

《新美南吉と「手袋を買いに」について》

この作品は、新美南吉の代表作の一つです。作品の成立は、１９３３年と言われています。諸説ありますが、作者二十歳頃の作品として間違いがないでしょう。作品については、いろいろな立場で研究されています。しばしば指摘されている点は、「なぜ、母親は危険を承知で子狐だけを町に行かせたか」、また「どうして片方の手だけ人間の手にしたか」という点です。前者については、南吉が育った家庭環境を反映している、一般的には理解できない矛盾がある、だから作品は欠陥があるという意見です。後者については、子どもには理解できない、作品を面白く読めない、不自然だ、欠点であるという意見です。しかし、このような指摘をおいても、80年も前に書かれた作品が多くの人を魅了している理由は何でしょうか。それは、作品の最後の母親の言葉「ほんとうに人間はいいものかしら。ほんとうに人間はいいものかしら」というつぶやきにあると思います。

「ごんぎつね」のごんと兵十、「手袋を買いに」の狐の親子と人間、「狐」の母と子等、南吉は、異なる立場に立つ者同士の通じ合いについての本質を追求しています。つまり、この作品の主題が今も考えさせられる内容を持っているからです。このような作品を教材として取り上げる場合、自分なりの考えを持たなくては指導できません。作品を教材としてどう捉えるか、読み手の思考・判断が重要です。

ではなぜ、母親は危険を承知で子狐だけを町に行かせたのでしょうか。どうして片方の手だけ人間の手にしたのでしょうか。自分なりの読みを持って、指導計画を立てなくてはなりません。実際の授業では、子どもの考えに共感したり納得したり、逆にここを考えさせたいという思いを持つことでしょう。このような学びが大切であると思います。

さて、この問題に対して、私が母親の最後の言葉に付け加えるとするならば、「ほんとうに人間はいいものかしら。…いやそうでないよ。…坊や。」と想像します。狐と人間は、けっして溶解することのできない宿命的な存在なのです。ここにこの物語の何とも言えぬ哀感を覚えます。母狐の心の揺らぎで物語を終わらせたことが、この作品が長く読まれている理由だと思います。母狐が子狐の手を全部人間の手にしなかったのは、狐は狐であって人間ではないという母親のメッセージと思います。皆さんはどう思いますか。80年間、論争が続いている作品だからこそ、子どもたちにも楽しい学び合いになると思います。

5. 説明的教材の指導案の作成と模擬授業

ここでは、次の事例を読み、実際に説明文教材の指導案を作成し、模擬授業を実施してみましょう。

(1) 事例

1. 学年　○○小学校　第4学年1組　児童数　35名
2. 単元名　段落のつながりに気をつけて読もう　教材「かむ」ことの力
3. 単元の目標
　文章構成について知り、文章全体の内容をつかむ方法を理解するとともに、歯の健康維持などについて興味を持つ。
4. 領域「C読むこと」
①〔思考力・判断力・表現力等〕C読むこと
ア　段落相互の関係に着目しながら、考えとそれを支える理由や事例との関係などについて、叙述を基に捉えること。

ウ　目的を意識して、中心となる語や文を見付けて要約すること。
オ　文章を読んで理解したことに基づいて、感想や考えをもつこと。
カ　文章を読んで感じたことや考えたことを共有し、一人一人の感じ方などに違いがあることに気付くこと。
〈言語活動例〉
ア　記録や報告などの文章を読み、文章の一部を引用して、分かったことや考えたことを説明したり、意見を述べたりする活動。
②〔知識及び技能〕
〈言葉の特徴や使い方に関する事項〉
エ　当該学年までに配当されている漢字を読むこと。
カ　指示する語句と接続する語句の役割、段落の役割について理解すること。
ク　文章全体の構成や内容の大体を意識しながら音読すること。
〈情報の扱い方に関する事項〉
ア　考えとそれを支える理由や事例、全体と中心など情報と情報との関係について理解すること。

5．指導時間　8時間

(2) 教材とする文章

「かむ」ことの力

金田　洌文（きよし）

「よくかんで食べなさい。」と、いつも言われていませんか。かむって、どういうことなのでしょう。また、よくかむと、どんないいことがあるのでしょう。いっしょに考えてみましょう。

食べ物を一口、口の中に入れてみましょう。熱い、冷たい、かたい、やわらかい、大きい、小さいなど、食べ物にはさまざまなちがいがあります。その食べ物を上あごと下あごの歯でかむと、食べ物の様子が脳（のう）に伝わります。脳は、その知らせを受けて、『この食べものは、このようにかみなさい。』と、よくかみくだけるように、あごを動かす筋肉に指令を出します。また、だえきを出すようにという指令も出します。そうして、かめばかむほど、食べ物は口の中でだえきとまじり、だんだん小さく、やわらかくなっていきます。こうすることで飲みこみやすくなった食べ物は、はじめてごっくんと食道に送りこまれるのです。

これらのひとつながりの動作を「そしゃく」といいます。そしゃくは、食べ物に直接（せつ）ふれる歯、あごの骨（ほね）、あごの関節、あごを動かす筋肉、口のまわりの筋肉、ほお、した、くちびるなど、多くの部分がたがいにうまく協力しないとできません。これらの部分は、働けば働くほど、きたえられて強くなります。つまり、かめばかむほど、歯も骨も関節も筋肉も強くなるということです。

また、かめばかむほど、だえきもたくさん出ています。だえきがたくさん出ることは、消化を助けるだけでなく、歯の健康にとっても大事です。ふつう、だえきは一日およそ一リットルほど出ます。大量のだえきは、歯の表面のよごれやばい菌などをあらい流して、むし歯になるのをふせぐ働きをします。また、だえきに歯と同じ成分がふくまれていて、歯の表面にできた初期のむし歯に対しては、元の健康な歯にもどるのを助けてくれます。

かめばかむほどいいことは、ほかにもあります。

まず、食べ物をだえきといっしょに数十回よくかむと、脳から『もうおなかがいっぱいだよ。』という知らせが出されます。脳はかむことを通して、胃や腸がちょうどいい具合に働くように、食べ物の量を調整しているのです。よくかまないで飲みこむと、いつまでも知らせが出ず、食べすぎてしまったり、胃や腸がつかれて、栄養が取り入れられなくなったりします。

次に、歯や歯のまわりの骨・筋肉が強くなると、歯を食いしばる力が強くなります。実は、歯を食いしばる力と、体全体の力は関係していることが分かっています。つな引きで力いっぱいにつなを引いているときや、ドッジボールで球を投げたり受け止めたりするとき、私たちは思いきり歯を食いしばっています。このとき、ものすごい力が歯にかかっています。むし歯があっては強い力は出せません。また、歯の強さが左右でちがっていると、体全体の力も左右のバランスがとれなくなることがあります。ですから、歯の全体を使ってよくかむことは、体全体の成長や活動にとっても大切です。

さらに、かむことは脳の働きと結び付いているので、よくかむことで、脳の働きが活発になります。朝ごはんをよくかんで食べると、それによって脳の働きが活発になり、ねむ気がさめて心が安定し、学習能力も高まるということが分かっています。

このように、かむことは、私たちの体全体にかかわる大切な働きであることが分かりました。人間の体は、どこをとっても、たがいにつながり合っています。それぞれの部分の働きが、他の部分の活動や発達に深くかかわっているのです。

（『国語　四年上　かがやき』、光村図書出版）

(3)　教材研究

先ず教材を読んで、指導内容（事項）と言語活動例を念頭に、教材のどの部分をどのように扱えば、指導内容を達成できるか、指導の目標に照らして、教材性を見つけて引き出してみましょう。

〈教材研究の方法〉

① 段落のつながりに気をつけて全体を読み内容を理解する

・段落と段落のつながりを考える。段落の構成は分かりやすいか

・「かむ」ということはどういうことなのか。内容は分かりやすいか

② 表現上の特色と段落の構成を読み教材選定の理由を考える

・文章の要旨は、児童にとって興味の持てるものか。読むことの価値はどうか

・段落のつながりを学ぶのに適した教材か

③ 単元の位置付けとねらいを明確に持つ

・低学年の説明文では順序を追って正確に読む学習をした。中学年、「ありの行列」（3年上）では、実験、研究が時間を追って書かれている段落を理解し、「すがたをかえる大豆」（3年下）では、大豆のことが様々な観点から段落にして並列されていることを学んでいる。一つの段落に一つの事柄が書か

れていて、それらをつなげる接続語の働きを知った。また、初め、中、終わりという文章の構成を学んでいる。『かむ』ことの力」は、4年になって初めての説明文である。この単元での指導の重点をどうするのか。4年下では、後期に「アップとルーズで伝える」という教材がある。高学年になると、要旨を捉え自分の考えを持つことが学習の重点となる。

④　評価規準を明確にする

・知識・技能

・思考・判断・表現力　C読むこと

・主体的な学習に取り組む態度

教材をよく読み、どんな学習にするのか構想を立てます。学習のねらいと読む能力、言語活動のつながりを明確にすることが大切です。

⑷　指導計画の考案

⑴事例を読みながら、「第4章　2．指導案の作成⑵」を参考にして考案しましょう。

①　題名

指導案の題名、実施日、学年、児童数、指導者として自分の名前を書きます。

②　単元名

単元名を書きます。⑴事例の2

③　単元の目標

単元の目標を書きます。(1)事例の3を参考にして考えましょう。

④　**評価規準**

・知識・技能

・思考・判断・表現　C読むこと

・主体的に学習に取り組む態度

三観点になりますが、必要があれば書くこと、話す・聞くことを加えることができます。(1)事例の4の「領域と指導内容」を基に設定しましょう。

⑤　**単元設定の理由**

・この単元での学習の意義について

・教材の価値と読むことの能力の育成について

・指導の系統性について

三つの視点から単元の設定理由を具体的に書きましょう。

⑥　**各時間の指導計画**

・事例の5　8時間扱いとする。

・形式　第4章　2．指導案の作成を参考にする。

・主な学習活動の違いは、第1次、第2次、第3次…とする。

・教材の読みで、話題提示、本論、結論という文章構成を学び、この学習の活用をどのようにするか考える。例えば、「『かむ』ことの力」を読んで思ったことを発表する。または、課題を持ち、図書資料を読む活動にする。資料を用意し文章の構成を調べて発表する、または自分で説明文を書いてみる等々、いろいろな活用（発展）が考えられる。

⑦　**本時の指導**

・8時間扱いの指導計画から、本時の指導（○／8）の細案を作成する。

・形式　第4章　2．指導案の作成を参考にする。

⑧　**配慮事項や工夫点**

・毎時間、音読するようにする。

・子どもが楽しく、進んで活動できるように工夫する。

・感動や発見を大切にし、日常生活を違った角度から見ることができるようにする。

・今までの学習の定着度を把握し、無理のない計画にする。

・説明的な他の文章を読む読書活動をさせる。

以上のような配慮事項を参考にしましょう。重点的な取り組み、工夫点、ワークシートや資料等の準備等を書きます。「書くこと」や「話すこと」などの既習していない活動を設定するならば、それぞれの必要な知識や技能の指導事項を設定し、評価規準欄に「書く能力」、「話す・聞く能力」を加えます。

⑨　**児童の実態**

・ここでは省略する。

⑩　**教科書以外の資料**

・教材として読んだ金田洌作「『かむ』ことの力」と関連した他の本や資料などを読む活動をする。

・学校図書館でどのようにして本を選ぶか。紹介に関する支援や本の選択方法に関わる配慮事項等を考える。

(5) 模擬授業

指導計画を準備していよいよ授業です。模擬授業を見合う観点を選び、観点を明確にして学び合いましょう。

①　明確な目的意識を持った言語活動であること
②　そこで身に付ける知識や技能を明確にし習得すること
③　学習方法（言語活動）やポイントを教えること
④　言語活動を通して、自ら課題を見つける力を育て、主体性な学びを経験させること
⑤　課題を探究する学習（学び）を保障し、思考力・判断力、表現力を引き出すこと
⑥　目標に到達するプロセスを明確にしているか。学習のプロセスが分かること
⑦　話すこと・聞くことの伝え合う力を育てているか。学び合う礎をつくること
⑧　学習の振り返りをしているか。自己評価できること

(6) 解説

この学習は、「かむ」ことの力について、「知らなかった」、「へえ、そうなの」という知的な感動や好奇心を持つことが重要です。そして、論理的な文章の読み方として段落の働きに注意して読む力を養うこと

が大切です。知的な感動や好奇心は、読むこと、書くこと、話すこと・聞くことの言語活動によって発現しますが、とりわけ中心となるのが読むことです。この読むことの基盤が、段落の働きを理解し、段落ごとの要点を考えたり、文章を要約したりして、文章全体の構成を理解する技能や知識（能力）です。

模擬授業では、どんな言語活動を通して、どのように知識・技能を獲得させようとしているか、子どもが、実際に計画した言語活動を意欲的に進めていけるものか協議してみましょう。

ここでも、時間が無ければ「手袋を買いに」と同じように、一人10分程度の時間内で、最初の課題把握（導入）、または振り返り（まとめ）に絞って実施することも可能です。繰り返しますが、最初の10分間の「課題把握」と最後の「振り返り」が重要です。

《研究と討議のための課題》

十一　読むことの学習の目標、指導内容（事項）、指導過程、我が国の伝統的な言語文化と国語の特質に関する事項について説明しましょう。

十二　読むことのプロセス、一単位時間の指導過程はどうあるべきですか、自分の考えを述べなさい。

十三　文学教材「手袋を買いに」（新美南吉作）の学習指導案を作成しましょう。

十四　説明文教材「『かむ』ことの力」（金田洌文）の学習指導案を作成しましょう。

第七章　書くことの学習

今回の改訂では、育成すべき資質・能力を〔知識及び技能〕、〔思考力、判断力、表現力等〕、〔学びに向かう力、人間性等〕を三つの柱で整理しています。書くことの学習は、〔思考力、判断力、表現力等〕の中で「B書くこと」として内容が示されています。

1．意義と目標

(1) 意義

明治時代、「作文」と言われたものが「綴り方」と呼ばれるようになり、戦後は、綴り方から「書くこと」という方向に進歩してきました。明治時代は、言文一致運動により、生活のありのままを言葉に綴ることに成功しました。戦後は、生活の広がりに伴い、さまざまな書く活動を「書くこと」としました。書く範囲や文種が拡大され、今では、日記、伝記、説明、報告、記録、連絡、紹介、小説、短歌、脚本、批評、論文等、書く活動は、さらに広がりつつあります。また、最近の傾向としては、作品を作り上げるということよりも、目的に合わせて効果的に書くことが求められています。目的性や必要性、日常性により簡潔な表現力や日常生活で使える表現力の育成が必要な時代を迎えています。

「書くこと」は大まかには事実を書くこと、事実を伝えることを基本にしつつ、自分の考えや感想・想像したことを書くことに大別できます。実際は、両者が混在しています。前者では、これからは、ますます簡潔な実用的な表現力が求められるでしょう。また後者では、目的を明確に持ち、取材、文の組み立て、記述、推敲、評価という段階を経た論理的、説得力のある表現力や文学的な表現力が必要とされるでしょう。とりわけ、思ったことや考えたこと、伝えたいこと等を言語化することは、生きる力を培う教育の根幹として重要なことであると考えます。

目的を達成するために、どのような言葉を選択し、どのように書くか、いざ書くとなりますと、これが簡単ではありません。何をどう書いてよいか分からない、見えない自分と格闘しながらの言葉を紡ぎ出す過程は、まさに「自分探し」そのものです。直感的、感覚的に思っていたこと、経験したことを言葉として客体化することは、自己を創造していく営みとも言えます。「書くこと」で、客観的、普遍的、本質的な認識や論理を持った自分に昇華させることができます。ここに「書くこと」そのものの本質的意義があるようです。

また、「書くこと」は、それを読む相手を常に意識して、相手によく伝わるように、よく分かるように、よく説得できるように言葉を選び、事柄の組み立てを考え、表現の仕方を推敲する一連の過程は、文字言語を通したコミュニケーション能力を身に付ける学習とも言えます。

小学6年の間に、「ひらがな」、「カタカナ」、「漢字」、「アラビア数字」、「ローマ字」等の文字言語を習得し、それらを使って認識を深めたり、自分の感情や行動を規制したり自分を冷静に振り返ったりすることができるようになります。また、生活の中の様々な場面で、目的に合わせて文字言語を通したコミュニケーション力を身に付けます。つまり、書くことは、まさに国語力の中核である「考える力」、「感じる力」、「想像する力」、「表す力」が発現する言語活動であると言えます。

(2)　目標

国語科の目標は、言葉による見方、考え方を働かせ、言語活動を通して、国語を正確に理解し適切に表現する資質・能力を育成することです。これを受けて、(1)の〔知識及び技能〕に関する目標は、全学年同じです。日常生活で必要な国語の知識や技能を身に付けること、我が国の言語文化に親しんだり理解したりすることができるようにすることを示しています。(2)の〔思考力、判断力、表現力等〕に関する目標は、考える力や感じたり想像したりする力を養うこと、日常生活における人との関わりの中で伝え合う力を高め自分の思いや考えを持つことなどができるようにすることを系統的に示しています。具体的には、内容の〔思考力、判断力、表現力等〕に示されている「A話すこと・聞くこと」、「B書くこと」、「C読むこと」のことです。(3)の〔学びに向かう力、人間性等〕関する目標には、言葉のもつよさを感じること、読書すること、国語を大切にして思いや考えを伝え合おうとする態度を系統的に示しています。各学年の目標をこの国語の目標(1)、(2)、(3)に対応して、2学年のまとまりで示しています。(2)〔思考力、判断力、表現力等〕の学年の目標は、次のとおりです。

〔第1学年及び第2学年〕

(2)　順序立てて考える力や感じたり想像したりする力を養い、日常生活における人との関わりの中で伝え合う力を高め、自分の思いや考えをもつことができるようにする。

〔第3学年及び第4学年〕

(2) 筋道立てて考える力や豊かに感じたり想像したりする力を養い、日常生活における人との関わりの中で伝え合う力を高め、自分の思いや考えをまとめることができるようにする。

〔第5学年及び第6学年〕

(2) 筋道立てて考える力や豊かに感じたり想像したりする力を養い、日常生活における人との関わりの中で伝え合う力を高め、自分の思いや考えを広げることができるようにする。

「B書くこと」は、書くことを通して、考える力、感じる力、想像する力を養い、伝え合う力を高めます。特に、(1)基盤となる言葉の知識及び技能を習得し、書くことのもつよさを「感じる」、「気付く」、「認識する」ことで、考えを形成することを重視しています。また、(3)書くことで、心を豊かにし、社会との関わり、自他の存在について理解を深めていくことが大事です。必要な情報等にアクセスし、収集、整理、加工し、自ら情報発信する力を伸ばします。

書くことの目的によって、日記や作文、小説や脚本、詩や短歌、メモ、手紙、記録、説明、報告、要約、感想、意見を書く等の多様な表現活動をします。常に何のために書くのか目的意識を持ち、相手意識を働かせて、文種に応じた書く力を付けます。また、書く力は、書く活動を通して高めます。初めはぎこちなくても、書いているうちに書くことが習慣化し、繰り返すことで表現する楽しさや良さを体得することができます。

知識基盤社会では、ある目的のために、論理的に書く機会が増えています。文字言語を活用して社会に参加し、自己実現を図ることが大切です。書くことで、自分を見つめ、自らの可能性を発達させ、効果的に社会に参加できるようにします。小学校では、文字言語を習得し、習得した文字を使って、目的に応じて様々な文種で伝達したり、記録したり、まとめたりします。文字言語による日本語の確実な活用ができるようにします。

2．指導内容

各学年の指導内容は、学習過程に沿って、書くことの能力を育てるために必要な指導事項と言語活動例で構成されています。

〔思考力、判断力、表現力等〕～B　書くこと
〔題材の設定〕〔情報の収集〕〔内容の検討〕
〔第1学年及び第2学年〕
ア　経験したことや想像したことなどから書くことを見付け、必要な事柄を集めたり確かめたりして、伝えたいことを明確にすること。
〔第3学年及び第4学年〕
ア　相手や目的を意識して、経験したことや想像したことなどから書くことを選び、集めた材料を

比較したり分類したりして、伝えたいことを明確にすること。

〔第5学年及び第6学年〕

ア　目的や意図に応じて、感じたことや考えたことなどから書くことを選び、集めた材料を分類したり関係付けたりして、伝えたいことを明確にすること。

〔構成の検討〕

〔第1学年及び第2学年〕

イ　自分の思いや考えが明確になるように、事柄の順序に沿って簡単な構成を考えること。

〔第3学年及び第4学年〕

イ　書く内容の中心を明確にし、内容のまとまりで段落をつくったり、段落相互の関係に注意したりして、文章の構成を考えること。

〔第5学年及び第6学年〕

イ　筋道の通った文章となるように、文章全体の構成や展開を考えること。

〔考えの形成〕〔記述〕

〔第1学年及び第2学年〕

ウ　語と語や文と文との続き方に注意しながら、内容のまとまりが分かるように書き表し方を工夫すること。

〔第3学年及び第4学年〕

ウ　自分の考えとそれを支える理由や事例との関係を明確にして、書き表し方を工夫すること。

〔第5学年及び第6学年〕

ウ　目的や意図に応じて簡単に書いたり詳しく書いたりするとともに、事実と感想、意見とを区別して書いたりするなど、自分の考えが伝わるように書き表し方を工夫すること。

エ　引用したり、図表やグラフなどを用いたりして、自分の考えが伝わるように書き表し方を工夫すること。

〔推敲〕

〔第1学年及び第2学年〕

エ　文章を読み返す習慣を付けるとともに、間違いを正したり、語と語や文と文の続き方を確かめたりすること。

〔第3学年及び第4学年〕

エ　間違いを正したり、相手や目的を意識した表現になっているかを確かめたりして、文や文章を整えること。

〔第5学年及び第6学年〕

オ　文章全体の構成や書き表し方などに着目して、文や文章を整えること。

〔共有〕

〔第1学年及び第2学年〕

オ　文章に対する感想を伝え合い、自分の文章の内容や表現のよいところを見付けること。

〔第3学年及び第4学年〕

オ　書こうとしたことが明確になっているかなど、文章に対する感想や意見を伝え合い、自分の文章のよいところを見付けること。

〔第5学年及び第6学年〕

カ　文章全体の構成や展開が明確になっているかなど、文章に対する感想や意見を伝え合い、自分の文章のよいところを見付けること。

〈言語活動例〉

説明的な文章を書く活動

〔第1学年及び第2学年〕

ア　身近なことや経験したことを報告したり、観察したことを記録したりするなど、見聞きしたことを書く活動。

〔第3学年及び第4学年〕

ア　調べたことをまとめて報告するなど、事実やそれを基に考えたことを書く活動。

〔第5学年及び第6学年〕

ア　事象を説明したり意見を述べたりするなど、考えたことや伝えたいことを書く活動。

実用的な文章を書く活動

〔第1学年及び第2学年〕

イ　日記や手紙を書くなど、思ったことや伝えたいことを書く活動。

〔第3学年及び第4学年〕

イ　行事の案内やお礼の文章を書くなど、伝えたいことを手紙に書く活動。

文学的な文章を書く活動

〔第1学年及び第2学年〕

ウ　簡単な物語をつくるなど、感じたことや想像したことを書く活動。

〔第3学年及び第4学年〕

ウ　詩や物語をつくるなど、感じたことや想像したことを書く活動。

〔第5学年及び第6学年〕

イ　短歌や俳句をつくるなど、感じたことや想像したことを書く活動。

ウ　事実や経験を基に、感じたり考えたりしたことや自分にとっての意味について文章に書く活動。

学習過程を一層明確し、指導内容（事項）を明確にしています。これは順序性を示すものではなく、言語活動そのものが内容であり、言語活動を通して能力を身に付けさせるという国語科の指導法を明確にしています。指導事項と言語活動例を連環させ環流させることが重要です。言語活動の方法、見通しを教えることが大事です。

3．指導過程

(1)　指導過程

指導内容（事項）は、学習過程に沿って、次のような構成にています。

○題材の設定、情報の収集、内容の検討
○構成の検討
○考えの形成、記述
○推敲
○共有

指導過程は書くことの学習では、何のため、どんな形で書くのか、目的に応じて書くことの力をつけることが大切です。指導事項は、書くことのプロセスにおいて、指導すべき内容として分かりやすく配列されています。

書くことのプロセスと内容

プロセス	1・2年	3・4年	5・6年
題材の設定 題材を見つけ	経験したこと 想像したこと	関心のあること	考えたこと
情報収集 **内容の検討** 何を	必要な事柄を集める	相手や目的に応じて、書く上で必要な事柄を調べる	目的や意図に応じて、書く事柄を収集し、全体を見通して事柄を整理する

構成の検討 どのように組み立てて	考えが明確になるように、事柄の順序	自分の考えが明確になるように、段落相互の関係などに注意して文章を構成する	自分の考えを明確に表現するため、文章全体の構成の効果を考える
考えの形成 **記　述** どう書くか	語や文の続き方、つながりのある文や文章を書く 内容のまとまりが分かるように書く	自分の考えとそれを支える理由や事例との関係を明確にして書き表し方を工夫する	事実と感想、意見などを区別する 目的や意図に応じて簡単に書いたり詳しく書いたりする 引用したり、図表やグラフなどを用いたりして、自分の考えが伝わるように書く
推敲 どう読み返すか	読み返す習慣 間違いを正す よいところを見つけて感想を伝え合う	文章の間違いを正したり、よりよい表現に書き直したりする	構成や書き表し方等に着目して、文や文章を整える
共　有 良いところを見付ける	感想を伝え合い、自分の文章の内容や表現の良いところを見付ける	書こうとしたことが明確か。感想や意見を伝え合う。自分の文章のよいところを見付ける	構成や展開が明確か。感想や意見を伝え合う自分の文章のよいところを見付ける

(2) 指導過程と指導のポイント

指導過程は、①どのように題材を見つけ、②何を、③どのように組み立てて、④どう書くか、⑤どう読み返すか、そして⑥よいところを見つけること、と言えます。それぞれのプロセスで大切なことは何かを考えてみます。

① 題材の見つけ方、選び方

書くことが見つかれば、書くことの目標を持てたと言えます。書くことの意欲（目的・動機）が書く方法（書き方・技術）を習得する導入となります。「何を書くか」という目的を見つけるまでのプロセスがとても重要です。ここでの指導・支援が次のプロセスの基盤となります。基盤を確固たるものにするために、見つけた題材は、何よりも価値あるものであることが大事です。何を書こうか、あれこれと考え、様々な角度から自分との関わりを捉え直すことを通して、一つの題材へと焦点化していきます。自分の生活や取り巻く自然や社会、そして自分自身から題材を切り取る能力を付けなくてはなりません。そのためには、経験したこと、想像したこと、関心のあること、考えたことなどを友だちと交流し合い、問題意識を掘り起こし合い、一番書きたいことを明確にすることが大切です。題材探しは、まさに「自分探し」と言えます。

② 取材・情報収集と内容の検討

題材が決まったら、書くための材料を収集します。誰に書くのか、読む相手のことを想像します。「こんなことを書いたら、相手はどんな反応を示すだろうか。」と、自分のイマジネーションとして、他人はこんな風に感じるのではないかという他人の目を心の中に創っていきます。このことは書くことの本質に関わることで、相手意識が次の文章の組み立てにつながっていきます。表現であるからには、相手に伝わることが肝心です。

心の中でこんなことを書こう、あれこれと考えながら、書くための材料を収集し、こんな風に書きたいと思いをめぐらすことは、とても楽しい時間です。

③　構成の検討

次は、文章の組み立てを考えます。書くことの目的により文種が決まり、それぞれに適した文章の組み立て方があります。その基本を指導することが大切です。例えば、意見を書く文章では、序論（おこす）本論（とく）結論（まとめる）の順序で書くのが一般的です。序論には、考えや問題を提起する文を書いたり、本論でそう考えた理由や事実を書き、また反論する立場を想定して、それを説得するための事実を書き、最後に主張を書きます。

読むことの学習と関連させ、最も基本的な構成を確認し、収集した材料を選択し整理します。構成については、学年の進行により低学年では、時間的順序や事柄の順序などの簡単なことから始めて、中学年では、どこを中心にするか、事柄と事柄の関係を考え、効果的な順序を指導します。高学年では、主題をはっきりさせるための文章構成、書き出しと結び、事象と感想、意見の組み立て、題、書き出しと、結びの効果などを指導することが大切です。

④　考えの形成・記述

いよいよここから書き始めますが、なかなか構想通りに書けないことが多く、子どもにとっては、大変な作業になります。①②③までの書き始めるまでの準備で持った目的意識や意欲、こんな風に書きたいという構想や取材したことが、原動力となります。しかし、実際に書くためには、必要な知識・技能が基盤になくてはなりません。既習の言語能力には個人差があり、言葉が浮かばない。文が書けない。漢字が分からない、どう書いたらよいか分からない、どうつなげたらよいか、ぴったりする文章にならない等の葛藤が続きます。葛藤をしながら一人一人が、自分で言葉を紡ぎ出す苦労をします。これを乗り越えるのは本人以外ありません。書くことは考えることです。

⑤　推敲

書き上げたものを読み返し、推敲をします。読み返して足りないところを書き加え、題名と内容の中心は適当であるか、文のねじれはないか、文章構成は的確か、全体の筋が通っているか、主題や意図が書き表せたか、論理性があるか、効果的な表現か、言葉の使い方の適否等を見直します。文種や学習の目標により推敲の観点を明確にして、何をどう推敲するか、具体的にすることが肝心です。あれもこれもと完全を求めると、書き直す気力が減退します。自分の書いたものが、相手に通じているか、子ども同士で相互に推敲することも大切です。お互いの良いところを見つけることに重点を置くとよいでしょう。否定的に見るのではなく、良いところを積極的に引き出すことや、ここに至るプロセスを重視する指導がとても大切です。

⑥　共有

文章に対する感想や意見を伝え合い、自分の文章の内容や表現のよいところを見付けます。中学年は、書こうとしたことが明確になっているか。高学年では、文章全体の構成や展開が明確であるかを「熟考・評価」します。そこのためには、中学年は、相互に書いたものを表し合い、書き手の考えの明確さなどについて意見を述べ合うことが大切です。また、高学年は、書いたものを発表し合い、表現の仕方に着目して助言し合い、表現の方法や展開の仕方について交流し、書き手の思いや考え（文章）を共有することが大切です。

(3)　言語活動例の系統

書くことの学習は、一人一人の子どもが、自分が感じたこと、考えたこと、今、思っていること、言葉にはならない漠然とした思いなどを、目的に応じて、的確に、正しく、豊かに、多様な表現ができる能力を付けることが大切です。このために実際に言語活動に取り組みます。書くことの言語活動を通して技能や知識を増やします。

各学年の言語活動例に示された各学年で扱う文種の系統は次の表にすることができます。

言語活動と学年の系統

文種	どのようなこと	1・2年	3・4年	5・6年
想像	想像したこと	○		

物語	物語	身近なこと、想像したこと		○	
物語	物語	感じたこと、想像したこと			○
詩歌	詩	身近なこと、想像したこと		○	
詩歌	詩	感じたこと、想像したこと			○
詩歌	短歌	感じたこと、想像したこと			○
詩歌	俳句	感じたこと、想像したこと			○
随筆		感じたり考えたりしたこと			○
報告	報告	身近なこと　経験したこと	○		
報告	報告	調べて報告・考えたこと		○	
報告	報告	課題について調べて　編集			○
記録	記録	観察したこと	○		
記録	記録	課題について調べて		○	
新聞		疑問に思ったことを調べて		○	
意見		課題について調べて　編集			○
説明	説明	身近な事物について	○		
説明	説明	資料を効果的に使って		○	
紹介		よさを人に伝えること			○

メモ		紹介したいこと	○		
手紙	手紙	伝えたいこと	○		
	依頼状	目的に合わせて		○	
	案内状	目的に合わせて		○	
	礼状	目的に合わせて		○	

(4) 文種の特徴と指導

① 記録文

自分の体験や活動を時間の経過に即して書き残すものです。生活、学習、行事、実験、観察、読書、見学、会議、飼育、見学など様々です。いずれの場合も、書き方として事実を正確に簡潔に記録することが最も大切です。

記録文の指導で一番基本となる学習が、メモを取ることです。例えば、見学記録の場合は、年月日、天候、時間、場所、見たこと、感想などのメモの取り方を指導します。そして、メモを活用して記録文の組み立てを考えて完成させます。組み立ては、時間的な順序によります。事実と聞いたこと、自分の感想など区別して書きます。

② 報告文

体験したこと、そこで知ったこと、調査の結果などを実際にそのことを知らない者に分かるように報告する文章です。記録文と重なる部分がありますが、報告の場合、自分の見たこと、体験したことをより強く他者に共有してもらいたいという意識が働きます。また報告文は、題材が書き手の体験したこと・見たことに限られますので、この意味では、説明文に包含される文種であると言えます。書き方の組み立ては、

①調査の動機
②調査の目的
③調査方法と結果
④まとめ

が基本的な順序です。

③ 意見文

出来事や体験したことについて、自分の主張をいくつかの観点から書きます。基本的には、他者を説得するための文章です。主張と主張の基になる事柄や事実、このことから主張を生み出した理由などで構成します。書き方としては事実と意見を区別して書きます。

①問題提起　自分の考え
②事例1　考えの根拠となる事実　調べたこと　体験したこと　データ
③事例2　自分の意見に反対する意見に対する反論となる事実　調べたこと　データ
④結論　考えと主張

自ずと主張は理由となります。③が難しいですが、自分の意見とは異なる論点を発見するのには有効です。①を序論、②③を本論、④を結論と考えることができます。

④ **説明文**

相手が知りたいことや疑問に思う事柄について、情報や知識・技能を分かりやすく伝える文章です。読み手に伝えたいことが伝わることが大切です。読み手がどんな情報を必要としているか、相手のことを想定して、分かりやすく説明することが大事です。文章の組み立ては、

① 問いを起こす　何の説明か
② 問いに答える　事柄の説明
③ まとめる

という形になります。説明する事柄によって説明の方法は多様です。事柄によって一つの段落を形成します。日常生活では、常に分かりやすく説明するコミュニケーション力が求められています。この意味で身近な事柄を説明したり、資料を活用して説明したりする必須の学びです。

⑤ **新聞**

情報を多数の人に伝達することが基本的な使命です。事実の解説、説明、報告、主張、記録、文芸など、文種の総合デパートみたいなものです。新聞作りを通して、様々な文種を活用できます。また、新聞は、個人やグループ、読書や人物を紹介する新聞、学級新聞など、多種多様です。目的により様々な場で活用

できます。

新聞は、常に情報の受け手である他者を想定し、相手が必要とする情報や相手に伝えたい情報を収集し整理して書きます。新聞は一般的に

①　どのような新聞にするか　編集を考える

②　どのような事柄を書くのか　割り付けを考える

③　取材する

④　記事を書く　見出しを工夫　報道　報告　意見　記録　その他

です。文章だけでなく、写真やイラスト、カット、マンガなど、紙面のバランスを考え、アピール度を総合的に考えます。

⑥　紹介文

対象によりいろいろな紹介文があります。ここでは本の紹介を考えます。読書を通して考えたこと、味わったこと、知った内容について、どのようなことを伝えたら相手が興味・関心を持ってくれるかを考え、紹介する内容を決めます。読書感想文は、書き手が感じたこと、考えたことを中心にして書き手自身の内面を深く見つめたことを書きますが、本の紹介は、紹介文を読むであろう他者のことを考えて、紹介する内容を決めます。紹介文は、紹介したい事柄（文・文章、登場人物、作者等）を集めてそれを選び、事柄の順序を考えて書きます。紹介文は、

①　選書

②　選材

③　記述

となりますが、③の記述の内容は、本の良さを伝えることが中心となります。作者や題名、あらすじ、出来事、心に残ったこと、登場人物の言動、性格、感動したこと等の中から、伝えたいことや選んだ事柄の順序が文章の構成となります。

⑦　**手紙文**

相手に用件を伝える文章です。はがきや便せんに書いたりします。電子メールも手紙と言えるでしょう。用件の種類でいろいろな手紙がありますが、ここで扱う手紙は、用件を伝える基本的手紙と依頼状、案内状、礼状などです。日常生活で学んだことをすぐ活用することが大切です。誰に手紙を書くのかという相手意識が大切であり、書くことの本質的な心構えを培うことが重要です。これを基本にして、手紙の形式、言葉の使い方を指導します。縦書きの手紙の場合は、

①　前文

拝啓　こんにちは　など

季節や安否の挨拶

②　主文

手紙の趣旨

③　末文

結びの挨拶

敬具　さようなら　など

後付け　日時　差出人氏名　相手の氏名と敬称

のような形式が一般的です。横書きは、

①　日付

②　相手の氏名と敬称

③　差出人氏名

④　前文

⑤　主文

⑥　末文

です。案内状などの場合は、「記」として、必要な用件を本文のあとに箇条書きにして付すことがあります。

文種の特徴に即して、基本的な形式を教え、文字で書き表す活動を通して、大切なことを確実に伝達する力を付けることが肝心です。

4. 書くことの指導案の作成と模擬授業

ここでは、事例を読み、実際に意見文の基本となる構成を指導する指導案を作成し、模擬授業を実施してみましょう。

(1) 事例

1．学年　○○小学校　第5学年1組　児童数　35名

2．単元名　意見発表会をしよう

　　教材「あて名は、丁寧に正確に書くべきだ」

3．単元の目標

　生活の中から自分がいつも思っていることを切り取り、事例と意見を区別した意見文を書き、意見発表会をしよう。

4．領域　「B書くこと」

①〔思考力・判断力・表現力等〕B書くこと

ア　目的や意図に応じて、感じたことや考えたことなどから書くことを選び、集めた材料を分類したり関係付けたりして、伝えたいことを明確にすること。

イ　筋道の通った文章となるように、文章全体の構成や展開を考えること。

ウ　目的や意図に応じて簡単に書いたり詳しく書いたりするとともに、事実と感想、意見とを区別して書いたりするなど、自分の考えが伝わるように書き表し方を工夫すること。

オ　文章全体の構成や書き表し方などに着目して、文や文章を整えること。

カ　文章全体の構成や展開が明確になっているかなど、文章に対する感想や意見を伝え合い、自分の文章のよいところを見付けること。

〈言語活動例〉

ア　事象を説明したり意見を述べたりするなど、考えたことや伝えたいことを書く活動。

ウ　事実や経験を基に、感じたり考えたりしたことや自分にとっての意味について文章に書く活動。

②〔知識及び技能〕

〈言葉の特徴や使い方に関する事項〉

エ　当該学年までに配当されている漢字を読むこと。

オ　語句と語句との関係、語句の構成や変化について理解すること。

カ　文と文との接続の関係、話や文章の構成や展開について理解すること。

ケ　文章を音読すること。

〈情報の扱い方に関する事項〉

ア　原因と結果など情報と情報との関係について理解すること。

イ　情報と情報との関係付けの仕方を理解し使うこと。

5．指導時間　10時間

(2) 教材とする意見文

例文　あて名は、丁寧に正確に書くべきだ

（『情報ハンドブック』、光村図書出版）

郵便を受け取ってあて名を見たとき、自分の名前を、例えば、「良夫」を「良雄」、「幸子」を「幸江」などと誤記してあると、不愉快になる。手紙やはがきのあて名を正しく書くことは、礼儀として守るべきことである。

昔は、相手の身分によって、あて名に付ける「様」を、楷書・行書・草書で書き分けたという。今でも自分の姓名を略字で書かれたり、旧字体を新字体で書かれたりすると、礼儀を失していると感じる人がいる。字を略することや誤記することを、「相手を粗略に扱う」ことと感じる意識が、今も心の中にある。

しかし、郵便物を受け取った人は、それが自分あてのものかどうかを確認するために、必ずあて名を見る。あて名は郵便を送り先に届けるための事務的なものだから、分かればいいのだという意見もあるだろう。あて名は郵便局員だけが見るものでない。

人を訪問するとき、衣服を正し、言葉を改めてあいさつする。それと同じく、手紙やはがきのあて名は、丁寧にまた正確に書くべきだ。

(3) 教材研究

先ず教材を読んで、指導内容（事項）と言語活動例を念頭に、教材のどの部分をどのように扱えば、指導事項を達成できるか、書くことの能力を高めることができるか、指導の目標に照らして、教材性を見つけてみましょう。ここでは、事例と意見を区別して書く教材としての価値があるかを判断します。そして、それらを学習活動として組織します。教材をどのように活用するか、教師自身の考えを明確にしましょう。そのためには、まず教材としての価値を選択することが必要です。

〈教材研究の方法〉

① 文章全体を読み、書き手の主張について理解する

・書き手の主張が明確であるかどうか

・書き手の主張に共感できるか。心を動かして読むことができる内容か

② 表現上の特色と文章の構成を読む

・文の構成を子どもは捉えやすいか。分かるか

・主張を書く教材として適切か。論理の展開の仕方の基本を学ぶことができるか。語句、文は適しているか。事例と意見を区別して書くことを学ぶ教材として適切か

③ 単元の位置付けとねらいを明確に持つ

中学年では、段落の役割を理解し、自分の考えが明確になるように、段落相互の関係などに注意して文章を構成することを学んでいる。また、書こうとすることの中心を明確にし、目的に応じて理由や事例を挙げて書くことも経験している。5年になり、相手に主張を伝える、説得する文章に挑戦する。他者の心を動かすことが目的となる場合、個人的な感情だけでは「理由」となりにくい。読み手の意識を想定し事実と意見を明確に区別し、反論や異なる意見を受け入れつつ、自分の主張を書くことが大切で

ある。主張をどのように書くか。基本となる文章の構成を具体的に指導し、主張の導き方を考えられるようにする。

④ 評価規準を明確にする

・知識・技能

・思考・判断・表現　B書くこ

・主体的に学習に取り組む態度

⑤ 意見文の基本となる構成を次のようにする

書き手の意見と主張の正当性を説明するだけでなく、想定される反対意見を挙げてそれに対して反論し、相手を説得しようとする型とする。

はじめ	序論	意見・主張 事実を挙げたり問題を示したりする それに対して意見・主張を書く
なか	本論1	意見・主張が正しいことを証明する 意見・主張が正しいことの根拠となる事例や理由を書く
	本論2	反対の意見・主張を想定して、それが正しくないことを考える必要があること、おかしいことなどを根拠を挙げて書く 意見・主張をまとめて書く
むすび	結論	考えと主張

教材がこの構成を学ぶに適しているか、事実と意見を区別して書くことを学ぶに適した教材か、教材研究を通して指導を構想していきます。

(4) 指導計画の考案

(1)事例を読みながら、第4章　2. 指導案の作成(2)を参考にして考案しましょう。

① 題名

指導案の題名、実施日、学年、児童数、指導者として自分の名前を書きます。

② 単元名

単元名を書きます。　(1)事例の2

③ 単元の目標

単元の目標を書きます。　(1)事例の3を参考にして考えましょう。

④ 評価規準

・知識・技能
・思考・判断・表現　B書くこと
・主体的に学習に取り組む態度

三観点になりますが、必要があれば書くこと、話す・聞くことを加えることができます。(1)事例の4の「領域と指導内容」を基に設定しましょう。

⑤　**単元設定の理由**

・この単元での学習の意義について

・教材の価値と書くことの能力の育成について

・指導の系統性について

三つの視点から単元の設定理由を具体的に書きましょう。

⑥　**各時間の指導計画**

・⑴事例の5　10時間扱いとする。

・形式　第4章　2．指導案の作成を参考にする。

・主な学習活動の違いは、第1次、第2次、第3次…とする。

・書くことの指導過程に即した指導案を立てる。3の指導過程　⑴指導過程のプロセスを参考にする。

⑦　**本時の指導**

・10時間扱いの指導計画から、本時の指導（○／10）の細案を作成する。

・形式　第4章　2．指導案の作成を参考にする。

⑧　**配慮事項や工夫点**

・本論2については、「なぜ、あて名を正確に書かないのだろう」と、自分とは異なる考えを導くための考え方について指導をする。「受け手の気持ちを考えていないからだろう」、「伝わればそれでいいと考えているのか知れない」。友だちの意見を聞いたりして問いをいくつか立てさせる。問いに対する考えが本論2の内容となっていく。

・初めて学習することなので、例えば「意見文の書き方」等のガイドプリントを用意したり、教材とする意見文を参考にして書くことができるように工夫する。
・意見文の発表会を実施する。表現の効果、表現の仕方に着目して助言し合う。
・発表方法を分かりやすくする。
発表については、新しく発表のために必要な知識や・技能を習得させるならば、指導事項を設定します。評価規準欄に「話す・聞く能力」を加えます。

⑨　児童の実態

・ここでは省略する。

⑩　教科書以外の資料

・教材として「例文」を読むが、実際の子どもの作文、新聞の声の欄など適当な記事中から適当な教材があれば、使ってもよい。

(5)　模擬授業

指導計画を準備していよいよ授業です。模擬授業を見合う観点として、読むことの学習と同じように次の点に留意しましょう。

①　明確な目的意識を持った言語活動であること
②　そこで身に付ける知識や技能を明確にし習得すること
③　学習方法（言語活動）やポイントを教えること

④　言語活動を通して、自ら課題を見つける力を育て、主体的な学びを経験させること
⑤　課題を探究する学習（学び）を保障し、思考力、判断力、表現力を引き出すこと
⑥　目標に到達するプロセスを明確にしているか。学習のプロセスが分かること
⑦　話すこと・聞くことの伝え合う力を育てているか。学び合う礎をつくること
⑧　学習の振り返りをしているか。自己評価できること

この学習は、事実と意見を意識して区別し、相手を説得させる文章を書く能力を付けることが目的です。そのために具体的な書き方の基本を学び、生活の中から価値ある題材を取り出して書き、その内容や書き方の効果について学び合います。書くことは、自ら考えたり、想像したり、感じたり、表したりする力を発現することであり、この学習のもう一つのねらいは、論理的に考えることができる人間を形成することです。多様な考えを受け入れつつ、自分の生き方をきっちりと表現できる子どもを育てます。意見発表会は、様々な考えに触れるよい機会となります。

模擬授業では、どのような言語活動を通して、どのように技能や知識を獲得しようとしているか、計画した言語活動は子どもに分かりやすいか、言語活動の方法を具体的に教えているか、協議してみましょう。

ここでも全員が45分の授業をするのが時間的に大変ならば、一人10分程度として、最初の課題把握（導入）、または振り返り（まとめ）に絞りましょう。課題把握では、本時のねらいを確認し、あるいはねらいについての関心・意欲を高揚させたり、言語活動にどのように取り組むか、その方法や具体例を説明したりします。言語活動のガイドブックがあればそれについて説明をします。最初の10分で、今日の授業の目的と全体の見通しを持ち、やる気を持たせることが大切です。

また振り返り（まとめ）では、書くことの言語活動を振り返り、子どもが自己評価する力を育て、獲得できたこと（知識・技能・能力等）を明確にすることが肝心です。はじめと最後は教師が最も活躍しなければならない場面であり、ここを中心に共に学び合いましょう。

《研究と討議のための課題》

十五　書くことの学習の目標、指導内容（事項）、指導過程について説明しましょう。

十六　書くことのプロセス、一単位時間の指導過程はどうあるべきですか、自分の考えを述べなさい。

十七　意見文の学習指導案を作成しましょう。

第八章　話すこと・聞くことの学習

今回の改訂では、育成すべき資質・能力を〔知識及び技能〕、〔思考力、判断力、表現力等〕、〔学びに向かう力、人間性等〕を三つの柱で整理しています。話すこと・聞くことの学習は、〔思考力、判断力、表現力等〕の中で「A話すこと・聞くこと」として内容が示されています。

1．意義と目標

(1)　意義

私たちは、普段、日本語で話をしたり聞いたりしています。話すこと・聞くことは、社会生活をする上でなくてはならない最も基本的な言語活動です。改めてこの言語活動を考えてみますと、これがなかなか難しいのです。例えば、独話といって、一人が全体の場で話すとします。講義とか、講演、スピーチがこれに当たりますが、普段とは全く違った緊張感を覚えます。話すことの順番や内容をよくよく頭に入れておく必要があります。原稿を用意してそれを丸読みしては、聞き手とのコミュニケーションはできません。

そもそも文字言語と音声言語との間には、大きな間隙があります。音声言語は、言葉を発したと同時に言葉が次々と消えていきます。書けば言葉は残っていきます。消えてしまう言葉だからこそ、より相手意識が必要であり、相手に伝わるような言葉遣いにしなくてはなりません。発音、速度、間、抑揚、「市立・私立」等の同音異義語は、市立は「いちりつ」、私立は「わたくしりつ」と言葉を言い換えないと伝わりません。「千葉の丸山です」と「滋賀の丸山です」は、「千葉」と「滋賀」の発音に気を付けないと伝わりにくいです。名前や地名等の固有名詞の中には、音だけでは分からない言葉がたくさんあります。相手の反応を確かめながら話すことが重要です。聞き手も、話し手を見て言葉を聴き分けることが大切です。双方の努力が必要なのです。話す・聞くことは、その場、その場で気を遣いながら、よく考えながら関係を築くもっとも基本的言語活動と言えます。この基本的な話す・聞くことの活動の劣化が、いじめや引きこもり、暴力行為の原因になっている場合もあります。

一方、社会の変化は、よりよく話す・聞く力を必要としています。新しい情報・知識・技術が毎日生まれては消え、その選択と活用の重要性が増しています。また、都市化や国際化の進展により、異なる文化や歴史を持った者同士が交流する機会が増えています。さらに少子高齢化や核家族化で、身近な家族間でも一層の相互理解が欠かせません。携帯電話や新しい情報機器の普及の一方で、人と人が直接対面して、言葉と言葉を交わすコミュニケーションが益々重要です。新語や流行語、造語、外来語、外国語、専門用語が次々に生まれていますが、これ等を使用する場合は、話す相手や場所に気を付ける必要があります。音声言語を通したコミュニケーションがこれほど求められながら、またこれほど難しい時代はないでしょう。

このような時代だからこそ、計画的に、意図的に「話す・聞く」ことの教育が必要なのです。よく話し、よく聴く（聞く）言葉の運用力を養うことが重要です。「話す・聞く」ことは、自己形成の基本であり、社会生活になくてはならないものです。とりわけ、「伝え合う力」は、主体的に生きるための基礎をなし、情報化社会ではなくてはならない資質と言えます。

⑵　目標

国語科の目標は、言葉による見方、考え方を働かせ、言語活動を通して、国語を正確に理解し適切に表現する資質・能力を育成することです。これを受けて、⑴の〔知識及び技能〕に関する目標は、全学年同じです。日常生活で必要な国語の知識や技能を身に付けること、我が国の言語文化に親しんだり理解したりすることができるようにすることを示しています。⑵の〔思考力、判断力、表現力等〕に関する目標は、考える力や感じたり想像したりする力を養うこと、日常生活における人との関わりの中で伝え合う力を高め自分の思いや考えをもつことなどができるようにすることを系統的に示しています。具体的には内容に示されている「A話すこと・聞くこと」、「B書くこと」、「C読むこと」のことです。⑶の〔学びに向かう力、人間性等〕に関する目標には、言葉のもつよさを感じること、読書すること、国語を大切にして思いや考えを伝え合おうとする態度を系統的に示しています。各学年の目標をこの国語の目標⑴、⑵、⑶に対応して、2学年のまとまりで示しています。⑵〔思考力、判断力、表現力等〕に示されている学年の目標は、次のとおりです。

〔第1学年及び第2学年〕

⑵　順序立てて考える力や感じたり想像したりする力を養い、日常生活における人との関わりの中で伝え合う力を高め、自分の思いや考えをもつことができるようにする。

〔第3学年及び第4学年〕

(2)　筋道立てて考える力や豊かに感じたり想像したりする力を養い、日常生活における人との関わりの中で伝え合う力を高め、自分の思いや考えをまとめることができるようにする。

〔第5学年及び第6学年〕

(2)　筋道立てて考える力や豊かに感じたり想像したりする力を養い、日常生活における人との関わりの中で伝え合う力を高め、自分の思いや考えを広げることができるようにする。

「A話すこと・聞くこと」は、2002（平成14）年の学習指導要領で、「A　表現」・「B　理解」領域の中からそれぞれ「話すこと」、「聞くこと」を取り出し、「A　話すこと・聞くこと」とし、新しい領域としています。それぞれの学年で指導する時間も決められています。またこの時、国語教育の「目標」に「伝え合う力」を加えました。なぜ、このような構成にしたのでしょうか。これは社会の変化が今まで以上に「話す・聞く」言語活動を必要とするからです。

2. 指導内容

各学年の指導内容は、学習過程に沿って、「A　話すこと・聞くこと」の能力を育てるために必要な指導事項と言語活動例で構成されています。

〔思考力、判断力、表現力等〕A　話すこと・聞くこと

〈話題の設定、情報収集、内容の検討〉
〔第1学年及び第2学年〕
ア　身近なことや経験したことなどから話題を決め、伝え合うために必要な事柄を選ぶこと。
〔第3学年及び第4学年〕
ア　目的を意識して、日常生活の中から話題を決め、集めた材料を比較したり分類したりして、伝え合うために必要な事柄を選ぶこと。
〔第5学年及び第6学年〕
ア　目的や意図に応じて、日常生活の中から話題を決め、集めた材料を分類したり関係付けたりして、伝え合う内容を検討すること。
〈構成の検討、考えの形成（話すこと）〉
〔第1学年及び第2学年〕
イ　相手に伝わるように、行動したことや経験したことに基づいて、話す事柄の順序を考えること。
〔第3学年及び第4学年〕
イ　相手に伝わるように、理由や事例などを挙げながら、話の中心が明確になるよう話の構成を考えること。
〔第5学年及び第6学年〕
イ　話の内容が明確になるように、事実と感想、意見とを区別するなど、話の構成を考えること。
〈表現、共有（話すこと）〉

〔第1学年及び第2学年〕

ウ　伝えたい事柄や相手に応じて、声の大きさや速さなどを工夫すること。

〔第3学年及び第4学年〕

ウ　話の中心や話す場面を意識して、言葉の抑揚や強弱、間の取り方などを工夫すること。

〔第5学年及び第6学年〕

ウ　資料を活用するなどして、自分の考えが伝わるように表現を工夫すること。

〈構造と内容の把握、精査・解釈、考えの形成、共有（聞くこと）〉

〔第1学年及び第2学年〕

エ　話し手が知らせたいことや自分が聞きたいことを落とさないように集中して聞き、話の内容を捉えて感想をもつこと。

〔第3学年及び第4学年〕

エ　必要なことを記録したり質問したりしながら聞き、話し手が伝えたいことや自分が聞きたいことの中心を捉え、自分の考えをもつこと。

〔第5学年及び第6学年〕

エ　話し手の目的や自分が聞こうとする意図に応じて、話の内容を捉え、話し手の考えと比較しながら、自分の考えをまとめること。

〈話合いの進め方の検討、考えの形成、共有（話し合うこと）〉

〔第1学年及び第2学年〕

オ　互いの話に関心をもち，相手の発言を受けて話をつなぐこと。

〔第3学年及び第4学年〕

オ　目的や進め方を確認し，司会などの役割を果たしながら話し合い，互いの意見の共通点や相違点に着目して，考えをまとめること。

〔第5学年及び第6学年〕

オ　互いの立場や意図を明確にしながら計画的に話し合い，考えを広げたりまとめたりすること。

〈言語活動例〉

〔第1学年及び第2学年〕

ア　紹介や説明，報告など伝えたいことを話したり，それらを聞いて声に出して確かめたり感想を述べたりする活動。

イ　尋ねたり応答したりするなどして，少人数で話し合う活動。

〔第3学年及び第4学年〕

ア　説明や報告など調べたことを話したり，それらを聞いたりする活動。

イ　質問するなどして情報を集めたり，それらを発表したりする活動。

ウ　互いの考えを伝えるなどして，グループや学級全体で話し合う活動。

〔第5学年及び第6学年〕

ア　意見や提案など自分の考えを話したり，それらを聞いたりする活動。

イ　インタビューなどをして必要な情報を集めたり，それらを発表したりする活動。

ウ　それぞれの立場から考えを伝えるなどして話し合う活動。

今回の改訂では、学習過程を一層明確にし、各指導事項を位置付けています。この学習過程は指導内容であり、必ずこの順序で指導することではありません。〈話題の設定、情報収集、内容の検討〉に関する指導事項は、「話すこと」、「聞くこと」、「話し合うこと」に共通する指導事項です。今回も言語活動例が内容に入りました。各学年の話すこと・聞くことの内容は、例えば、「次のような言語活動を通して指導するものとする」とされています。「B書くこと」、「C読むこと」の指導と同じように、指導事項と言語活動例を連環させ環流させることが重要です。取り分け、「話すこと」、「聞くこと、「話し合うこと」の言語活動は相互に密接に関連しています。また、その方法や技能を意図的に発達段階を踏まえて具体的に指導することが大切です。

3．指導過程

(1)　指導過程

指導内容（事項）は、学習過程に沿って、次のような構成にしています。

○題材の設定、情報の収集、内容の検討
○構成の検討、考えの形成（話すこと）
○表現、共有（話すこと）

○構造と内容の把握、精査・解釈、考えの形成、共有（聞くこと）
○話し合いの進め方の検討、考えの形成、共有（話し合うこと）

指導過程は話すこと・聞くことの学習では、何のため、どのように話したり聞いたりするのか、目的に応じて話す・聞く力をつけることが大切です。指導事項は、話す・聞くことのプロセスにおいて、指導すべき内容として分かりやすく配列されています。

話すことのプロセスと内容

プロセス	1・2年	3・4年	5・6年
話題の設定 何について	身近なこと 経験したこと	目的を意識して、日常生活の中から	目的や意図に応じて、生活の中から
情報収集・内容の検討 どんな事柄を	伝え合うために、必要な事柄を思い出す	材料の比較・分類 必要な事柄を選ぶ	材料の分類・関係付け、 内容の検討
構成の検討・考えの形成 どのように	相手に応じて、経験したことに基づいて話す事柄を順序を考える	目的に応じて、理由・事例を挙げ、中心・構成を考える	明確に伝わるように、事実・感想・意見を区別し話の構成を考える
表現・共有 どんな言葉遣いで	丁寧な言葉と普通の言葉との違いに気を付けて	丁寧な言葉を用いるなど適切な言葉遣いで	場に応じた適切な言葉遣いで

何に注意して	姿勢 口形 声の大きさ速さ はっきりした発音	相手を見て 言葉の抑揚や強弱 間の取り方	考えが伝わるように表現を工夫する 資料の活用

※2　内容〔知識及び技能〕(1)　言葉の特徴や使い方に関する事項と密接に関係する

聞くことの内容

	1・2年	3・4年	5・6年
構造と内容の把握 **精査・解釈** **考えの形成・共有** どのように聞くか	集中して聞き、内容を捉えて感想を持つ	話の中心に気を付けて聞き、質問をしたり感想を述べたりし、考えをもつ	話し手の意図を捉えながら聞き、自分の意見と比べるなどして考えをまとめる

話し合い方の内容

	1・2年	3・4年	5・6年
話し合いの進め方の検討 **考えの形成・共有** どのように話し合うか	話に関心をもち、相手の発言を受けて話をつなぐ	互いの考えの共通点や相違点に着目して、司会や提案などの役割を果たしながら、進行に沿って話し合う	互いの立場や意図をはっきりさせながら、計画的に話し合い、考えをまとめる

(2) 指導過程と指導のポイント

話すことの指導過程は、①どのような話題にするか、②話す事柄を集め、③どのように順序立てて話すか、④どんな言葉遣いで、⑤何に注意して話すか、と言えます。①②③は話すための準備、そして④⑤は言葉遣いや話し言葉の特徴や発声などの話し方の技能を習得します。

聞き方、話し合い方は、それぞれの学年でのポイントが示されています。

① 話題の見つけ方、選び方

何を話そうか、なぜこの話題なのかを考えることは、話すことの意欲（目的・動機）を高めることです。「どう話そうか」と、順序立てや話し方の技能を習得する導入となります。この話題と話す事柄を考えるプロセスがとても重要です。ここでの指導・支援が次の学習を左右すると言って過言ではありません。話題について考え、あれこれと事柄を切り取ることは、自分の認識を深めたり広げたりします。自分と身の回りの事象の関わりを捉え直したり、生活や生き方を問い直したり、普段あまり考えていないようなことに目を向けたり、いつも変だと思っていることを考究したりすることは、人間形成そのものと言えます。価値ある話題を見つけたり選んだりする指導が重要です。

② 情報収集・内容の検討

話題が決まったら、話すための事柄を収集します。誰に話すのか、聞く相手のことを考えて、「こんなことを話したら、どのように伝わるか」、「相手はどんな反応を示すだろうか」と、他人の目を自分の中に創っていきます。このことは、話すことの本質に関わることで、相手意識を持つことが、話の事柄や順序立て、話し方、言葉遣いにつながります。話すことが表現である以上、相手に伝わることが重要です。しかし、心の中でこんなことを話そうとか、あれこれと相手のこと考えながら準備する段階で、相手とのコミュニケーションはもう始まっています。自分のイマジネーションの中で、話す事柄をこんな風に話したいと、あれこれ思いをめぐらすことは、とても楽しい時間となります。

③　構成の検討・考えの形成

次は、話す事柄の順序立て、構成を考えます。どのように順序立てるか、これも基本の一つで、指導することが大切です。例えば、連絡では、全体から部分へ、結論から理由・説明へと、伝える内容を整理して、筋道立てて話すことが大切です。

全体　題名(件名)　全体像、概要、結論などを一言で言う
部分　項目1　小見出し　内容　具体的説明
　　　項目2　小見出し　内容　具体的説明
　　　項目3　小見出し　内容　具体的説明
まとめ　簡潔に言う

全体では、何の連絡か概要を一言で伝えます。部分は項目ごとに整理して話します。まとめは簡潔に述べます。このような組み立てに基づいて、最初は原稿を書いて話すことの筋道を明確にすることが大切です。ここでは、話し言葉を一旦書き言葉に起こして論理性や順序を明確にするとよいと思います。

④　表現・共有

ここでは、実際に話します。原稿を棒読みしてしまっては、話すことになりません。原稿に書いた言葉を、相手の反応を確かめながら話し言葉に置き換えます。話し言葉は、一瞬、瞬間に発現し、消えていきます。それぞれに適した話し方を身に付けることが大切です。ですから相手の立場に立って、分かりやすい言葉で簡潔に話すことが大切です。相手は耳で聞き分けます。分かりにくい言葉は発音に気を付けて、また、「です」「ます」などの丁寧な言葉遣いに慣れます。発音、抑揚、間、声の大きさ等に気を付けて話すことが必要です。同音異義語等は言い換えて、読むのではなく、相手の顔を見て話せるようにします。

書き言葉から話し言葉への渡りには、思ったよりも大きなハードルがあることを理解しておくことが大切です。そこには、普段のおしゃべりとは、全く違った世界があり、聞く側の子どもの協力が大事です。話している子どもが何を話そうとしているのか、想像力を働かせて聞くことが肝心です。話す方は、聞く者の協力を得て話すことの勇気をもらいます。声に出してみないと自分でもよく分からない自分と葛藤しつつ、事柄を順序立てて分かりやすく話そうとする努力が相手に伝わると、話すことの楽しさ、嬉しさ、喜びを倍増できます。思いや考え共有することは、自己啓発、相互啓発のよい機会となります。このような体験をたくさん持てることが肝心でしょう。

⑤　聞き方　構造と内容の把握、精査・解釈、考えの形成・共有

聞くことは話すこと以上に大切です。話の構造や内容の把握し、どのような話か精査・解釈します。大事なことを落とさずに、話者が話したいことは何か、そこにどんな意図があるのか、分からないときには

質問をしたり、大切なことをメモしたり、ノートを取ったりして上手に聞く力を付けます。また、聞く姿勢や態度、マナーを身に付けます。これは、話を共有し、考えを形成することです。話すこと・聞くことは、二人の「対話」から、「話し合い」、そして一人が大勢に話す「独話」などの形態がありますが、聞いている相手がいて初めて成立するコミュニケーションです。このコミュニケーションを成立させるためには、聞くことが極めて重要です。話す者は一人で聞く者は大勢という場合がほとんどです。一人でも話を聞けない者がいると、聞いている他の者が迷惑します。また、話者が話しにくくなります。よく聞ける子どもを育てることは、相手を尊重する態度や姿勢を培うことであり、よりよく人間関係を築く礎です。また、このマナーは社会生活をする上でなくてはならないものです。

⑥　話し合い方　進め方の検討、考えの形成・共有

考えを広げたり深めたりまとめたりするためには話し合いが必要です。話をしっかりと聞き、話題について話し合い、お互いの共通点や相違点を考え合うことが大切です。それぞれの話し合いの形態には必要なルールがあり、話し合う方法や技能・知識を身に付けることが大切です。例えば、会議の場合、司会や提案などの役割が必要です。司会者や提案者は、それぞれの役割や方法が分からないと会議を進行することはできません。また、会議に参加している者は、話し合いの意図をはっきりと把握し、話し合う技能・知識を獲得することが大切です。互いの立場や意図をはっきりさせながら、計画的に話し合い、話し合いのまとめ方、記録の取り方等、言語活動の形態と特徴に合った具体的な方法を学びながら、考えを深め、よく判断し、問題を解決していく知恵や方策を生み出します。話し合いをよりよくするには、記録を残す

ことが特に大切です。

(3) 言語活動例の系統

話すこと・聞くことの学習は、一人一人の子どもが、自分が感じたこと、考えたこと、今、思っていること、言葉にはならない漠然とした思いなどを、目的に応じて、的確に音声言語で伝え合う表現力を付けることです。このためには、実際にそれぞれの言語活動について特徴を理解することが重要です。学習指導要領に示された話すこと・聞くことの言語活動を一覧にしてみます。

言語活動の指導例の系統

＊「A　話すこと・聞くこと」の言語活動例　・それ以外の領域　※「A　話すこと・聞くこと」の内容

話種	形態		低	中	高
会話	発表し合い	・自分の思い	◎	○	
		・自分の思いや考え	○	◎	
		・考え　主張		○	◎
	話し合い（会　議）	＊小グループで尋ねたり応当したり	◎	○	
		＊グループ　全体で話したりまとめたり		◎	○
	討　論	＊考えを伝え話し合う		○	◎
	グループ	※目的に応じて		○	◎

	パネル	※目的に応じて			◎
	シンポジウム	※目的に応じて			◎
	ディベート	※目的に応じて			◎
対話	挨拶	＊場面に合わせて	◎	○	○
	質問	＊確かめたり感想を述べ合ったり	◎	○	
	応答	＊尋ねたり応答したり	◎	○	
	相談	※相手や目的に応じて	○	◎	
	インタビュー	※必要な情報を集めて		○	◎
独話	連絡	＊伝えたいことをまとめて	○	◎	○
	発表 スピーチ	＊集めた情報等	○	◎	○
		※意見・提案・考え	○	◎	○
	説明	＊伝えたいこと	◎	○	
		＊調べたこと	○　○	◎　◎	○
		＊資料を提示しなから		○	◎
	報告	＊経験の	◎	○	
		＊調べたこと		◎	○
		＊資料を提示しながら		○	◎

感想	＊話を聞いて	◎	○	
	・体験したこと	◎	○	
	・読んだこと	○	◎	
	＊自分の考えを話す	○	◎	
意見	・精査・解釈・考え		◎	○
助言・提案	＊説明や報告を聞いて		○	◎
	・表現の仕方		○	◎
紹介	＊伝えたいこと	○	◎	
	・知らせたいこと　身近な人に	◎	○	
	・読書　好きなところ	◎	○	○
	・事物や人物を推薦		○	◎

「A　話すこと・聞くこと」の言語活動例としての他、それ以外の領域や内容・言語活動でも示されています。話すこと・聞くことは、他領域との連環・環流させて指導する必要があります。

話すことの言語活動は形態により、会話、対話、独話に分類できます。

①　独話

一人が多数の前で話します。連絡、発表とかスピーチ、報告、説明、紹介などがこれに当たります。話し手が、意図を持って、伝えたいことを聞き手に分かるように話します。

独話の歴史は新しく、１９５１（昭和26）年学習指導要領により、会話・対話・独話という文言で示されました。改まった雰囲気の中で、大勢の人にどのように話せば、はっきりと分かりやすく伝わるか、相手を意識した話し方の工夫が大切です。

②　対話

挨拶、相談、問答、談話、インタビューなどが対話です。個人と個人とが交互に話のやりとりをすることです。話し合いのもっともシンプルな形で、相手の協力で関係が成立します。テンポのよい言葉のやりとりができます。分からないことはすぐ聞き返すことができます。話の流れで話題をどんどん変えたりできます。相手と直接対面しながら、どのように話をするか、しっかりと考えることが必要であり、最も基本的な言語活動であると言えます。

③　会話（話し合い）

三人以上の者の話し合いが会話です。自由な話し合いや改まった会議や討論などがこれに当たります。会議などの改まった話し合いには、司会者、提案者、記録者などの役割を決めて、提案、質疑・応答、討議、まとめ（採決）と、順序立てて話し合います。発言には、言葉遣いに気を付けて、適当な声の大きさや発音で話すことが必要です。意見を述べる場合には、理由や具体例などを、帰納的、演繹的、類推的に組み立てて話し、相手を説得させる話し方を身に付けます。話題に沿ってしっかりと考え、的確で公正な、建設的な意見を出し合い、話し合いをまとめることも大切です。

◇話し方の工夫例

(1)　意見や感想を話す

①　考えを話す　わたしは……と思いました。
わたしは……と考えました。

②　賛成する　わたしの考えは○○さんと同じで……です。
わたしは……に賛成です。

③　反対する　○○さんの考えはわたしと少しちがいます。
わたしは……に反対です。

④　付け足す　○○さんの意見に付け足して言うと……です。

⑤　まとめる　まとめて言うと……です。

⑥　質問する　……をもう少し詳しく言ってください。
……のところをもう一度説明してください。
○○さんに質問します。
……はなぜですか。
……ではないのですか。
……のところを詳しく説明してください。

⑦　確かめる　　それは……ということですね。
……でいいのですね。

⑧　理由を言う　　そのわけは……だからです。

(2)　説明する

①　結論を先に言う　　……だと思います。
それは……です。

②　理由をはっきり言う　　そのわけは……です。
それは……だからです。

③　整理して言う　　第一に……、第二に……です。
まとめて言うと……です。

④　問いかける　　わたしは……と思いますが、どうでしょうか。

(3)　発表する

話の全体の組み立てを聞き手に予告する言い方

・これから……について話します。
・始めは……、次は……、最後は……の順で話します。
・では、始めに……
・これで、わたしの（ぼくの）話を終わります。

4．話すこと・聞くことの指導案の作成と模擬授業

ここでは、事例を読み、実際に指導案を作成し、模擬授業を実施してみましょう。

(1) 事例　～必要なことを調べて紹介する力を育てる～

1．学年　〇〇小学校　第6学年1組　児童数　35名
2．単元名　このニュース、私はこう思う
3．単元の目標
　自分の意見を発表したり、友達の意見を聞いたりすることで、ものの見方や考え方を深めよう。
4．領域　「A　話すこと・聞くこと」
①〔思考力・判断力・表現力等〕A話すこと・聞くこと
ア　目的や意図に応じて、日常生活の中から話題を決め、集めた材料を分類したり関係付けたりして、伝え合う内容を検討すること。
イ　話の内容が明確になるように、事実と感想、意見とを区別するなど、話の構成を考えること。
ウ　資料を活用するなどして、自分の考えが伝わるように表現を工夫すること。
エ　話し手の目的や自分が聞こうとする意図に応じて、話の内容を捉え、話し手の考えと比較しな

がら、自分の考えをまとめること。
オ　互いの立場や意図を明確にしながら計画的に話し合い、考えを広げたりまとめたりすること。
〈言語活動例〉
ア　意見や提案など自分の考えを話したり、それらを聞いたりする活動。
ウ　それぞれの立場から考えを伝えるなどして話し合う活動。
②〔知識及び技能〕
〈言葉の特徴や使い方に関する事項〉
イ　話し言葉と書き言葉との違いに気付くこと。
オ　思考に関わる語句の量を増し、話や文章の中で使うとともに、語句と語句との関係、語句の構成や変化について理解し、語彙を豊かにすること。
カ　話や文章の構成や展開、話や文章の種類とその特徴について理解すること。
〈情報の扱い方に関する事項〉
イ　情報と情報との関係付けの仕方、図などによる語句と語句との関係の表し方を理解し使うこと。
5．指導時間　10時間

(2) **教材**

出典　三省堂　六年　国語

わたしは、この前、○○新聞の朝刊で読んだニュースについて話します。

五月三日、富山県のある村の図書館に、とつ然、ニホンカモシカが一頭入ってきたそうです。カモシカは暴れ、絵本をけ散らしたりまどにぶつかったりしたのです。

わたしは、母が勤めている近所の図書館によく行くので、このニュースを知ったときには、とてもおどろきました。

その村の図書館にいた人たちは、一時、外にひ難したとのこと。カモシカはますいじゅうでうたれてつかまえられ、山に放されたそうです。その新聞には、「カモシカのすむ山のおくまで住宅の開発が進み、居場所が失われたのではないか。」と書いてありました。

前に動物園でカモシカを見たときには、とてもおとなしそうな動物だと思いました。それが、人間のために山でくらせなくなってきているのだとしたら、気の毒だし、動物たちと共に生きていけるかん境づくりが必要だと思いました。

三省堂　六年　国語

(3)　教材研究

スピーチ原稿です。先ずこれを読んで、指導内容（事項）と言語活動例を念頭に、教材をどのように活用するのか。何を指導するのか。どの部分をどのように扱えば、指導事項を達成できるか、話すこと・聞くことの能力を高めることができるか、事例の単元名、単元の目標に照らし、このスピーチ原稿のどこに教材的な価値があるかを明確にしましょう。どのようにこれを使うか、教材研究に取り組みます。

〈教材研究の方法〉

①　スピーチの内容を理解する

・気になったニュースを題材としている
・事実と意見を区別している

②　スピーチの組み立てを読む

・最初に、取り上げたニュースを何によって知ったか
・次に、ニュースのあら筋を簡単に説明している
・そのニュースを取り上げた理由を分かりやすく示している
・事実（「いつ」「どこで」「だれが」「何を」したのか）と、自分の感想と意見を区別している
　この構成を子どもは捉えやすいか。分かるか
・スピーチの指導をする教材として適切か

③　単元の位置付けと指導事項を明確にする

・日常生活の中から話題を決められる。材料を集めやすい。分類したり関係付けたりして、伝え合う内容を検討する
・事実と感想、意見とを区別することや話の構成を学習する
・資料を活用し、考えが伝わるようにスピーチを工夫させたい
・自分の考えたことと比較しながら考えを、広げたりまとめたりできる

④　評価規準を設定する。この学習の場合は、次の三観点にする

・知識・技能
・思考力・判断力・表現力　A話すこと・聞くこと
・主体的な学習に取り組む態度

(4) 指導計画の考案

(1)事例を読みながら、第4章　2．指導案の作成(2)を参考にして考案しましょう。

① 題名

指導案の題名、実施日、学年、児童数、指導者として自分の名前を書きます。

② 単元名

単元名を書きます。(1)事例の2

③ 単元の目標

単元の目標を書きます。(1)事例の3を参考にして考えましょう。

④ 評価規準

・知識・技能
・思考・判断・表現　A話すこと・聞くこと
・主体的に学習に取り組む態度

3観点になりますが、必要があればB書くこと、A読むことを加えることができます。

A話すこと・聞くこと「ア」の「話題を決め」は、「このニュース、私はこう思う」とします。新聞やテレビなどから、気になったニュースを選びます。「イ」の「事実と感想、意見とを区別する」は、ニュースのあら筋を簡単に説明し感想・意見と区別します。「話の構成」は教材文の構成を活用します。言語活動例「ア」は、「意見や提案など自分の考えを話したり、それらを聞いたりする活動。」は、ニュースの自分にとっての意味を伝えるスピーチに取り組むこととします。〔知識及び技能〕〈言葉の特徴や使い方に関する事項〉は、「イ」話し言葉と書き言葉との違い、「オ」語彙、「カ」話の構成や展開。〈情報の扱い方に関する事項〉「イ」図などによる語句と語句との関係に留意して設定します。〔主体的に学習に取り組む態度〕ニュースのどこが気になったのか、そのニュースと似たようなことを見聞きしたことはないか、新しく知ったことは何か、自分のふだんの生活とどう関連するかなど、自分の経験と結び付けて意見をまとめようとしている態度とします。

⑤　単元設定の理由

・この単元での学習の意義
・スピーチを通して、話す・聞く能力の育成
・指導の系統性について明確にする

単元の意義は、何を話すのかを明確にし、話す事柄を調べること。そして、集めた事柄の中心を明確にしたスピーチ（独話）原稿を作成します。話す事柄の順序を基本とするモデルにより原稿を書き、話したいことを確定します。各自が、話題について調べることは、これからの生活をよりよくする契機となります。また、話題である「このニュース、わたしはこう思う」については、それぞれの気になるニュースを発表したり、友達の意見を聞いたりすることによって、自分でも気付かなかったものの見方に気付いたり、

自分の考えをより深めたりする学習が期待できます。また、改まった場で、筋道立てて、分かりやすく話す力を育てることは、この時期の子どもの発達段階に適しています。

話す・聞く能力を付けるために、事柄の収集の仕方や集めた事柄を整理して、どんな段取りで伝えるか、スピーチ原稿にします。スピーチの組み立ては、次のとおりとし、文字数は４００字を目安とします。

一　取り上げるニュースを、何によって知ったかを示す
二　ニュースのあら筋の簡単な説明　「いつ」「どこで」「だれが」「何を」したか
三　ニュースを取り上げた理由　分かりやすく示す
四　自分の感想・意見

スピーチ原稿を書きますが、話の順序を確認するものです。原稿を棒読みしないように、相手に分かりやすく伝える工夫を、スピーチの練習を繰り返しながら考えます。漢語は分かりやすく言い換えます。文はなるべく短くし、事柄（段落）と事柄をつなげる言葉を考えて聞きやすくします。また、話す速度と間、声の調子や大きさについて留意して話せるようにします。聞く方は、話の中心は何かに注意して、内容と話し方を評価できるようにします。

指導の系統性については、低学年では、自分で体験したことなどについて時間や事柄の順序に気を付けて話すことをしてきましたが、中学年になってからは、身近な話題についてスピーチしたり、要点などのメモを取ったりしながら聞くことを指導してきました。ここでは、選んだニュースについの自分の意見が

よく伝わるようにスピーチの組み立てや話し方を工夫します。

⑥　**各時間の指導計画**

・(1)事例の5　10時間扱いとする。
・形式　第4章　2. 指導案の作成を参考にする。
・主な学習活動の違いは、第1次、第2次、第3次…とする。
・「3. 指導過程」を参考にする。スピーチ原稿の作成、スピーチ練習、スピーチ発表を主な学習活動として設定する。

⑦　**本時の指導**

・10時間扱いの指導計画から、本時の指導（○／10）の細案を作成する。
・形式　第4章　2. 指導案の作成を参考にする。

⑧　**配慮事項や工夫点**

・話題は、話す価値があることと、興味・関心が持てて事柄を集めることができるものであることが大切である。この意味で「話すこと・聞くこと」の楽しさは、90パーセントが話題で決まってしまう。「このニュース、わたしはこう思う」は、子どもにとって話しやすくまた聞くこともよくできる話題である。
・何を話すのかを明確にし、話す事柄を集める。相手に伝えたい中心となる事柄を明確にし、話すことは初めてなので、どう話すか順序立て（構成）を明確にするために記述する。また、順序立て（構成）は、基本とするモデルを示す。これをもとにしてスピーチ原稿を書く。

・スピーチの練習を繰り返しできるように配慮する。原稿を見ないで話ができるようにする。話し言葉と書き言葉の違いを意識する。
・「このニュース、わたしはこう思う」スピーチ発表会を実施する。相互評価を通してそれぞれのよさを見付けるようにする。
・スピーチ発表会やスピーチ練習では、よき聞き手を育てる。聞き手はコミュニケーションの半分以上の責任を負うということを、実際にスピーチすることで共有できるようにする。

⑨　**児童の実態**
・ここでは省略する。

⑩　**教科書以外の資料**
・資料として、子どもが書いたスピーチ原稿を教材として活用することができる。

(5)　模擬授業

指導計画を準備していよいよ授業です。模擬授業を見合う観点として、読むことの学習と同じように次の点に留意しましょう。

①　明確な目的意識を持った言語活動であること
②　そこで身に付ける知識や技能を明確にし習得すること
③　学習方法（言語活動）やポイントを教えること
④　言語活動を通して、自ら課題を見つける力を育て、主体性な学びを経験させること

⑤　課題を探究する学習（学び）を保障し、思考力・判断力、表現力を引き出すこと
⑥　目標に到達するプロセスを明確にしているか。学習のプロセスが分かること
⑦　話すこと・聞くことの伝え合う力を育てているか。学び合う礎をつくること
⑧　学習の振り返りをしているか。自己評価できること

この学習は、スピーチ発表会を開くために、まず、話題について調べ、事柄を集めながら考えを深めます。次に、話すことの中心を明確にするためにスピーチ原稿を書きます。ここでは、話の中心が聞き手によく伝わるような順序立て（構成）を学びます。次に、原稿を書き、それをもとに実際のスピーチを通して、話し言葉の特性を考えながら、声に出して相手に伝えるための技能・知識を習得します。話し手と聞き手の双方の協力が必要であり、繰り返し練習することが重要です。スピーチ発表会は、改まった雰囲気の中で、原稿を見ないで、相手の反応を確かめながら、話すことが大切です。簡単なようですが、話すことには思っている以上に個人差があり、話し手に勇気を与えるためには聞き手の役割が大切です。上手に聞くことがよき話し手を育てます。模擬授業では、原稿を作成し、実際の発表などをして、この学習を実感することが大切です。

話す・聞く言語活動は、学習者の考えや思い、感じ方が言葉に発現します。まさに相互啓発の機会であり、話し合ってよかった、聞いてよかった、話が伝わってよかったと、この活動の価値や意味を実感できることが肝心です。単なる技能・知識を習得するのではなく、人は人と話し・聞くコミュニケーションを通して、人として成長していくことを実感させたいものです。

模擬授業では、どのような言語活動を通して、どのように技能や知識を獲得しようとしているか、計画

した言語活動は子どもに分かりやすいか、言語活動の方法を具体的に教えているか、協議してみましょう。

45分の授業をするのが時間的に困難であるようでしたら、一人10分程度として最初の課題把握（導入）、または振り返り（まとめ）に絞りましょう。課題把握では、本時のねらいを確認し、あるいはねらいについての関心・意欲を高揚させたり、言語活動にどのように取り組むか、その方法や具体例を説明したりします。最初の10分で、今日の授業の目的と全体の見通しを持ち、やる気を持たせることが大切です。

また振り返り（まとめ）では、話すことの言語活動を振り返り、子どもが自己評価する力を育て、獲得できた事柄を明確にすることが肝心です。初めと最後は教師が最も活躍しなければならない場面であり、ここを中心に授業を見合い、共に学び合いましょう。

《研究と討議のための課題》

十八　話すこと・聞くことの学習の意義、目標、指導内容（事項）、言語活動例についてまとめましょう。

十九　話すこと・聞くことの学習のプロセスについて説明しましょう。

二十　単元名「このニュース、わたしはこう思う」の学習指導案を作成しましょう。

第九章　知識及び技能

1．知識及び技能

平成20年告示の学習指導要領により、「言語事項」が新たに「伝統的な言語文化と国語の特質に関する事項」となりました。今回の改訂では、この事項を〔知識及び技能〕として内容を整理しています。

(1)言葉の特徴や使い方に関する事項
(2)情報の扱い方に関する事項
(3)我が国の言語文化に関する事項

〔知識及び技能〕、〔思考力、判断力、表現力等〕、〔学びに向かう力、人間性等〕の三本柱は、相互に関連し合い、一体となって働くものであること留意する必要があります。

2．内容と取り扱い

(1)　言葉の特徴や使い方に関する事項

言葉の特徴や使い方に関する事項です。「言葉の働き」、「話し言葉と書き言葉」、「漢字」、「語彙」、「文や文章」、「言葉遣い」、「表現の技法」、「音読・朗読」に関する内容を整理し、次のように系統的に示しています。

	第1学年・第2学年	第3学年・第4学年	第5学年・第6学年
言葉の働き	ア　言葉には、事物の内容を表す働きや、経験したことを伝える働きがあることに気付くこと。	ア　言葉には、考えたことや思ったことを表す働きがあることに気付くこと。	ア　言葉には、相手とのつながりをつくる働きがあることに気付くこと。
話し言葉と書き言葉	イ　音節と文字との関係、アクセントによる語の意味の違いなどに気付くとともに、姿勢や口形、発声や発音に注意して話すこと。 ウ　長音、拗音、促音、撥音などの表記、助詞の「は」、「へ」及び「を」の使い方、句読点の打ち方、かぎ（「」）の使い方を理解して文や文章の中で使うこと。	イ　相手を見て話したり聞いたりするとともに、言葉の抑揚や強弱、間の取り方などに注意して話すこと。 ウ　漢字と仮名を用いた表記、送り仮名の付け方、改行の仕方を理解して文や文章の中で使うとともに、句読点を適切に打つこと。また、第3学年においては、日常使われている簡単な単語について、ロー	イ　話し言葉と書き言葉との違いに気付くこと。 ウ　文や文章の中で漢字と仮名を適切に使い分けるとともに、送り仮名や仮名遣いに注意して正しく書くこと。

	漢字	語彙
また、平仮名及び片仮名を読み、書くとともに、片仮名で書く語の種類を知り、文や文章の中で使うこと。	エ　第1学年においては、別表の学年別漢字配当表（以下「学年別漢字配当表」という。）の第1学年に配当されている漢字を読み、漸次書き、文や文章の中で使うこと。第2学年においては、学年別漢字配当表の第2学年までに配当されている漢字を読むこと。また、第1学年に配当されている漢字を書き、文や文章の中で使うとともに、第2学年に配当されている漢字を漸次書き、文や文章の中で使うこと。	オ　身近なことを表す語句の量を増し、話や文章の中で使
マ字で表記されたものを読み、ローマ字で書くこと。	エ　第3学年及び第4学年の各学年においては、学年別漢字配当表の当該学年までに配当されている漢字を読むこと。また、当該学年の前の学年までに配当されている漢字を書き、文や文章の中で使うとともに、当該学年に配当されている漢字を漸次書き、文や文章の中で使うこと。	オ　様子や行動、気持ちや性格を表す語句の量を増し、話
	エ　第5学年及び第6学年の各学年においては、学年別漢字配当表の当該学年までに配当されている漢字を読むこと。また、当該学年の前の学年までに配当されている漢字を書き、文や文章の中で使うとともに、当該学年に配当されている漢字を漸次書き、文や文章の中で使うこと。	オ　思考に関わる語句の量を増し、話や文章の中で使うと

	うとともに、言葉には意味による語句のまとまりがあることに気付き、語彙を豊かにすること。	や文章の中で使うとともに、言葉には性質や役割による語句のまとまりがあることを理解し、語彙を豊かにすること。	ともに、語句と語句との関係、語句の構成や変化について理解し、語彙を豊かにすること。また、語感や言葉の使い方に対する感覚を意識して、語や語句を使うこと。
文や文章	カ　文の中における主語と述語との関係に気付くこと。	カ　主語と述語との関係、修飾と被修飾との関係、指示する語句と接続する語句の役割、段落の役割について理解すること。	カ　文の中での語句の係り方や語順、文と文との接続の関係、話や文章の構成や展開、話や文章の種類とその特徴について理解すること。
言葉遣い	キ　丁寧な言葉と普通の言葉との違いに気を付けて使うとともに、敬体で書かれた文章に慣れること。	キ　丁寧な言葉を使うとともに、敬体と常体との違いに注意しながら書くこと。	キ　日常よく使われる敬語を理解し使い慣れること。
表現技法			ク　比喩や反復などの表現の工夫に気付くこと。
音読・朗読	ク　語のまとまりや言葉の響きなどに気を付けて音読すること。	ク　文章全体の構成や内容の大体を意識しながら音読すること。	ケ　文章を音読したり朗読したりすること。

①言葉の働き

言語が共通にもつ言葉の働きに関する事項です。

言葉の働きを客観的に捉えることが国語科で目指す資質・能力の重要な要素です。言葉の働きに気付き言葉を自覚的に用いることができるようになります。今回の改訂では、言葉の働きに関する指導事項を5・6年「言葉には人間関係を構築する働きがある」を新しく新設し系統的にしています。

②漢字

漢字の読み書きに関する事項です。

漢字の読み書きについては、2学年間という期間をかけて、確実に書き、使えるようにすることとしています。読むことについては、当該学年に配当されている漢字の音読みや訓読みができるようにしています。なお、第6学年に配当された漢字の書きについては、当該学年で漸次書き、文や文章の中で使うとともに、中学校の第2学年までの間で確実に身に付け、使えるようにすることとしています。今回の改訂で、都道府県名に用いる漢字を新たに加え1006字から1026字にしています。

③語彙

語彙を豊かにすることに関する事項です。

語句の量を増やすこと、語句のまとまりや関係、構成や変化について理解することの二つの内容で構成しています。語句の量を増やすことに関しては、第1学年・第2学年では、身近なことを表す語句の量を増やします。第3学年・第4学年では、様子や行動、気持ちや性格を表す語句の量を増やします。第5学年・第6学年では、思考に関わる語句の量を増やすなど、指導の重点を示しています。学習の中で語句を使い、日常生活で語句を使いながら増やすことが重要です。語句のまとまりや関係、構成や変化について理解は、第1学年・第2学年では、意味による語句のまとまりに気付くこと、第3学年・第4学年では性質や役割による語句のまとまりを理解すること、第5学年・第6学年では、語句の構成や変化について理解することへと展開します。小学校の語彙指導は、語感や言葉の使い方に対する感覚を意識して、語や語句を使うことです。

④文や文章

文、話、文章の構成に関する指導事項です。

主語と述語、修飾と被修飾との関係などにに加えて、語順などの特徴についても理解すること、指示する語句や接続する語句の役割についての理解を基盤に、文と文との関係、語や文章の展開などについて理解することを示しています。段落の役割、語や文の構成や展開は、平成20年告示の学習指導要領では、「A話すこと・聞くこと」「B書くこと」「C読むこと」の書く領域に示してきた内容を〔知識及び技能〕として整理しています。

⑤言葉遣い

言葉遣いに関する指導事項である。

平成20年告示の学習指導要領では、丁寧な言葉と普通の言葉の違いについては第1学年・第2学年の「A話すこと・聞くこと」に、「敬体と常体との違い」については第3学年・第4学年の「B書くこと」に示してきた内容ですが、「言葉遣い」に関する内容として敬語と併せて〔知識及び技能〕としてここに示しています。相手や場に応じた言葉遣いを日常生活で使えるようにすることが重要です。

⑥表現の技法

表現の技法の種類と其の特徴に関する事項です。

第4学年までに様々な表現の工夫に触れることを基盤として、第5学年・第6学年で、比喩や反復などの表現の工夫に気付くことを示しています。

⑦音読、朗読

音読や朗読に関する事項です。

指導に当たっては、〔思考力、判断力、表現力等〕の「C読むこと」だけでなく、〔知識及び技能〕の他の指導事項や〔思考力、判断力、表現力等〕の「A話すこと・聞くこと」、「B書くこと」の指導事項とも適切に関連づけて指導することが重要です。音読は今回の改訂で〔知識及び技能〕に整理して示しています。

(2)　情報の扱い方に関する事項

話や文章に含まれている情報の扱い方に関する事項です。

語や文章から必要な情報を引き出したり整理したり、その関係を捉えたりすることが、話や文章を正確に理解することになります。また、情報を整理したり関係を明確にしたりすることが話や文章で適切に表現することになります。今回の改訂では、これらの資質・能力の育成に向け、「情報の扱い方に関する事項」を新設しています。この事項は、次のように「情報と情報との関係」、「情報の整理」の二つの内容で系統的に召しています。

	第1学年・第2学年	第3学年・第4学年	第5学年・第6学年
情報と情報との関係	ア　共通、相違、事柄の順序など情報と情報との関係について理解すること。	ア　考えとそれを支える理由や事例、全体と中心など情報と情報との関係について理解すること。	ア　原因と結果など情報と情報との関係について理解すること。
情報整理		イ　比較や分類の仕方、必要な語句などの書き留め方、引用の仕方や出典の示し方、辞書や事典の使い方を理解し使うこと。	イ　情報と情報との関係付けの仕方、図などによる語句と語句との関係の表し方を理解し使うこと。

①　情報と情報との関係

情報と情報との関係に関する事項です。

各領域における、〔思考力、判断力、表現力等〕を育成する上では、語や文章に含まれている情報と情報との関係を捉えて理解したり、情報と情報との関係を明確にして話や文章で表現することが重要です。平成20年度告示の学習指導要領の三領域の内容を含め、共通の項目として整理し、〔知識及び技能〕として系統的に示している。

② 情報の整理

情報の整理の整理に関する事項です。

情報の整理の仕方、具体的な手段を示しています。言語活動の中で使うことができるようになることが重要です。

(3) 我が国の言語文化に関する事項

我が国の言語文化に関する事項です。

言語文化とは、歴史の中で創造され継承してきた文化的な価値をもつ言語や多様な言語芸術や芸能を幅広く指しています。今回の改訂では、「伝統的な言語文化」、「言葉の由来や変化」、「書写」、「読書」に関する内容を整理しています。

	第1学年・第2学年	第3学年・第4学年	第5学年・第6学年
伝統的な言語文化	ア　昔話や神話・伝承などの読み聞かせを聞くなどして、我が国の伝統的な言語文化に親しむこと。 イ　長く親しまれている言葉遊びを通して、言葉の豊かさに気付くこと。	ア　易しい文語調の短歌や俳句を音読したり暗唱したりするなどして、言葉の響きやリズムに親しむこと。 イ　長い間使われてきたことわざや慣用句、故事成語などの意味を知り、使うこと。	ア　親しみやすい古文や漢文、近代以降の文語調の文章を音読するなどして、言葉の響きやリズムに親しむこと。 イ　古典について解説した文章を読んだり作品の内容の大体を知ったりすることを通して、昔の人のものの見方や感

			じ方を知ること。
言葉の由来や変化		ウ　漢字が、へんやつくりなどから構成されていることについて理解すること。	ウ　語句の由来などに関心をもつとともに、時間の経過による言葉の変化や世代による言葉の違いに気付き、共通語と方言との違いを理解すること。また、仮名及び漢字の由来、特質などについて理解すること。
書写	ウ　書写に関する次の事項を理解し使うこと。 (ア)　姿勢や筆記具の持ち方を正しくして書くこと。 (イ)　点画の書き方や文字の形に注意しながら、筆順に従って丁寧に書くこと。 (ウ)　点画相互の接し方や交わり方、長短や方向などに注意して、文字を正しく書くこと。	エ　書写に関する次の事項を理解し使うこと。 (ア)　文字の組立て方を理解し、形を整えて書くこと。 (イ)　漢字や仮名の大きさ、配列に注意して書くこと。 (ウ)　毛筆を使用して点画の書き方への理解を深め、筆圧などに注意して書くこと。	エ　書写に関する次の事項を理解し使うこと。 (ア)　用紙全体との関係に注意して、文字の大きさや配列などを決めるとともに、書く速さを意識して書くこと。 (イ)　毛筆を使用して、穂先の動きと点画のつながりを意識して書くこと。 (ウ)　目的に応じて使用する筆記具を選び、その特徴を生かして書くこと。

読書	エ　読書に親しみ、いろいろな本があることを知ること。	オ　幅広く読書に親しみ、読書が、必要な知識や情報を得ることに役立つことに気付くこと。	オ　日常的に読書に親しみ、読書が、自分の考えを広げることに役立つことに気付くこと。

①　伝統的な言語文化

伝統的な言語文化に関する事項です。

我が国の言語文化に触れたり親しんだり楽しんだりします。言語文化の豊かさに気付き理解を深めることを重点としています。第1学年・第2学年では言葉そのものを楽しむこと、第3学年・第4学年では、ことわざや慣用句、故事成語等の言葉を知り、使うこと、第5学年・第6学年では、作品に表れているものの見方や感じ方を知ることを示しています。

②　言葉の由来や変化

言葉の由来や変化に関する事項です。

第3学年・第4学年では、部首と他の部分とによって漢字が構成されていることを知り構成を理解することを示しています。第5学年・第6学年では、時間や場所による言葉の変化、言葉の理解を示しています。

③　書写

書写に関する事項です。

日常生活に生かすことのできる書写の能力を育成することが重要です。文字を書く基礎となる「姿勢」、「筆記具の持ち方」、「点画や一文字の書き方」、「筆順」、などの事項から「文字の集まりの書き方」に関する事項へと、内容を系統的に示しています。さらに、筆記具の選択や使用や目的、状況に応じた書き方の判断について示しています。

④　読書

読書に関する事項です

国語科で育成を目指す資質・能力を育成する重要な活動の一つです。自ら進んで読書をし、読書を通して人生を豊かにしようとする態度を養うために、国語科学習が読書に結び付くように系統的な指導が重要です。なお、読書には、新聞、雑誌を読んだり、調べるために関係する資料を読んだりすることを含んでいます。

3. 古典に関する学習

(1)　意義

親しみやすい古文や漢文、近代以降の文語調の文章について、内容の大体を知り、音読することが新しく入りました。古典学習の意義や扱いはどのようにすればよいのでしょうか。能「景清」を例に考えてみます。まず読んでみましょう。

とても世を背（そむ）くとならば墨（すみ）にこそ
背くとならば墨にこそ
染（そ）むべき袖（そで）のあさましや窶（やつ）れ果てたる有様を
我だに憂しと思ふ身を
誰こそありて憐（あはれみ）の
憂きを訪（とむら）ふ由（よし）も無し
憂きを訪ふ由も無し

（喜多流謡曲本より）

今は流された人となった平家の侍、平景清の心中を謡う有名な「松門の謡」のあとに続く地謡で、シテの心境を渋く底強く謡います。六百年以上前に作られた曲ですが、今でも文字の6割、7割以上は使っている言葉です。日本語は、古語と現代語の境界線を引くことができない言語であり、古典は全く別の言語ではありません。現代に継続しています。「世」、「袖」、「窶れ果てたる」、「有様」、「我」、「思ふ」、「身」、「誰」、「無し」などは、今でも使っている言葉とそんなに変わりがありません。「窶れ果てたる」とか「思ふ」のような古い言葉の言い回しや仮名遣いは違いますが、すぐに慣れてきます。「背く」は、「反対する」、「反逆する」という意味ですが、「出家する」、「隠遁する」という意味を知ると、「墨」の意味も想像できます。習字で使う墨ではないことが分かります。墨衣という意味でしょうか。出家した自分であるが、何と「あさましや」という言葉が気になります。この言葉は今でも、図々しい、みにくいなどの意味で使っています。よい意味でも悪い意味でも、事の意外さにあきれるばかりだという感じを表します。みすぼらしい自分の姿に自分自身をなぐさめる由もないと、心の内を語っています。「とむらふ」は、今では訪れる、訪ねるという意味で使っていますが、この場合は、悼む、弔問する、慰める、冥福を祈るという意味です。「よし」は理由、事情、方法という意味で現在ではあまり使われていません。言葉は時代と共に少しずつ変遷していきますが、全く別の言葉になった訳ではありません。意味が多義になり一部が使われなくなったのです。

　憂きを訪ふ由も無し

は、思うようにならないと嘆くことですが、この感じは「憂き」という言葉がぴったりです。「由」も

　憂きを訪ふ方法も無い

では、微妙な感じが出ません。古典は言葉を丸ごと体験することが一番なのです。

「景清」の例で分かるように、古典を学ぶ意義は、言葉に触れることです。それは、ゴッホや横山大観の絵に触れて、そこに何かを感じるように、言葉を声に出して丸ごと体験し、その言葉から季節感や人情、感性、情緒等、何かしら感じればよいのです。古典には何かを感じさせる魅力があります。今ではあまり使われていない言葉でも、意味が一つ想像できると、使いたくなる言葉がたくさん見つかります。読み聞かせを聞いたり、古文を声に出して読んだり、好きな言葉を書き写したりして、古文を体験することが大切です。初めは何だか古そうで難しそうですが、意外と新しい発見と感動があります。これが古典学習の意義です。６割から７割の現代に継続している言葉を手がかりにして、古典の世界に触れることが小学校

の古典学習です。無理して理解させようとしなくてもよいのです。

⑵ 内容

古典についての取り扱いは、〔知識及び技能〕⑶我が国の言語文化に関する事項に位置づけられています。内容は、昔話、神話・伝承、易しい文語調の短歌や俳句、親しみやすい古文、漢文、近代以降の文語調の文章などです。「楽しむ」、「知る」、「感じる」ことで言語文化の豊かさに気付き、理解を深めることを重点としています。

⑶ 指導のポイント

① 聴いて楽しむ

読み聞かせが国語科教育の中に入りました。子どもにとっては耳から聞く読書です。耳から音を聞き分けて読むことは、自分が音読して読むこと、黙読へとつながります。言葉を読むことは読書への誘いとも言えます。古文のリズムや文体、昔話の語り口に親しむには読み聞かせが一番です。何よりも親しみ、楽しむことが大切です。

② 文語文の調子を声に出して感じる

中学年になれば、音読や朗読ができます。自分で声に出してみましょう。声に出して読んで初めて日本語の調子が体感できます。調子だけでなくメロディーもあるようです。現代文より読みやすいことが分かります。

今は昔、小野篁（たかむら）といふ人おはしけり。…　宇治拾遺物語

祇園精舎の鐘の声、諸行無常の響きあり。…　平家物語

春過ぎて夏来（きた）るらし白栲（しろたへ）の衣乾したり天（あめ）の香具山　…　万葉集

うつくしきもの　瓜にかきたるちごの顔。…　枕草子

あづまぢの道のはてよりも、なほ奥つ方に生ひ出でたる人、…　更級日記

語りの口調、七・五調、テンポの良さ、リズム、味わうには音読・朗読が一番です。

③　言葉で心を照らし、生きる道を考える

「ぎおんしょーじゃのかねのこえ、しょぎょーむじょーのひびきあり」と、意味を考えないで音読している内に言葉の意識が高まり、祇園精舎が昔、インドの須達長者が釈迦のために建てた寺院の名前であることが分かります。そこでは病気にかかった僧侶が死ぬ時、堂舎の鐘が鳴ったといういわれを聞きます。「諸行無常の響きあり。」という文から夜明けのように何かが見えてきます。これは子どもも大人も同じです。この言葉は、平家物語を貫くキーワードです。平家物語に限らず、古典は、私たちの心を照らす、生きる道標です。先が見えにくい現代だからこそ、古典を大切にしなくてはなりません。

④　日本語の魅力に触れ、言語生活を豊かにする

「五月雨」、「こぬか雨」、「菜種梅雨」、「村雨」、「時雨」、「木の芽おこしの雨」、「遣らずの雨」、「卯の花

腐し」などの雨を表す言葉一つとっても、日本語はたくさんの語彙を持つ言語です。これらの言葉は、千年もの間、積み上げられてきた日本文化そのものです。「いわし雲」、「天高く」、「つるべ落とし」、「夜長」、「花冷え」などの季節を表す言葉、その他、年中行事の言葉、色を表す言葉、故事成語など、一歩古典の世界に踏み入れるとまるで言葉の宝石箱のようです。これらの語彙は日本語の魅力であり日本人の心です。古典を学習を通して、言語生活を豊かにすることができます。

⑤ 日本語に直訳した漢文の魅力に触れる

中国語を訓読法により直訳した漢文は、中国語ではなく立派な日本語です。文字や漢文の魅力に触れて、故事成語と称される私たちが普通に使っている言葉の語源となった話を読んだりします。「知音」、「糟糠之妻」、「太公望」、「管鮑之交」等の故事や小話、詩を直訳した簡潔な表現、巧みな比喩を味わったり、歴史のドラマ、古人の知恵や懸命な生き方、巡り合い、これ等に触れることは意義深いものです。また、日本人は中国の文化と言葉をどのように自分のものとしてきたか、文化交流についても見識を広げることができます。

4．漢字に関する学習

⑴ 意義

もともと中国から取り入れた文字ですが、長い時間をかけて、日本語を表す文字として自分のものとしてきました。漢字を工夫して平仮名や片仮名を作り出しています。漢字には、一文字がいろいろの意味を表すことがあります。川という漢字は、水の流れの筋道を表しますが、河は中国の黄河を表し、大きな河という意味で使われています。河という字の仕組みを考えますと、「氵」は水を意味し、「可」は、水がつっかえながら勢いよく流れ出る様子を表します。表音文字に比べて何と漢字は魅力的な文字であるかが分かります。

(2) 内容

学習する漢字は学年別漢字配当表に示されています。学年の漢字は、学習負担に配慮し必要に応じて、前の学年や以降の学年において指導することができます。後の学年に配当されている漢字やそれ以外は、振り仮名を付け、学習負担に配慮して提示することができます。字体は学年別漢字配当表によります。

1学年は配当されている漢字を読み、漸次書き、文や文章の中で使えるようにします。以降の学年では、その学年に配当されている漢字を読むこと、そして、前の学年に配当されている漢字を書き、文や文章の中で使うとともに、その学年に配当されている漢字を漸次書けるようにして文や文章の中で使えるようにします。中学年では、漢字のへんやつくりなどの構成についての知識を習得し、高学年では、仮名及び漢字の由来、特質などについて理解させます。以上が指導の内容です。学年別漢字配当表では、

第1学年　　　８０字
第2学年　　１６０字
第3学年　　２００字

第４学年　２０２字
第５学年　１９３字
第６学年　１９１字
合計　１，０２６字を習得します。

(3) 指導のポイント

① 読めるようにする

指導の基本は読むことから入ります。漢字に触れて親しみ、読むことの繰り返しを通して配当されている漢字を当該学年で読めるようにします。まずは漢字に興味を持ち、関心を高めることが大事です。

② 書けるようする

書くことは、２学年の間で弾力的に取り扱います。書写の学習を通して、正しく、整えて書くことの原理・原則を踏まえることが大切です。また、筆順の指導を通して、この原則を取得することも大事です。

③ 使えるようにする

習った漢字を知識として覚えるだけでなく、文や文章の中で使えることが大切です。実際に使いながら自分のものとしていきます。繰り返し繰り返し、習った漢字を使う機会や場を設定し、使えるようにすることが肝心です。

④　遊べるように　楽しめるようにする

中学年以降では、漢字のへんやつくりや構成、漢字の由来や特質などについて学習します。漢字には、訓読みと音読みがあることを知り、漢字の由来や特質を知ると漢字学習が楽しくなります。覚えなくてはならない漢字のへんやつくりも、クイズや新聞作りなど、学習活動を工夫することで自然に習得できるように工夫させたいものです。知識や技能を丸ごと覚えるのではなく、目的をもった学習活動により習得し、活用できるようにすることが大切です。

《研究と討議のための課題》

二十一　「我が国の言語文化に関する事項」について説明しましょう。
二十二　〔知識及び技能〕の内容や取り扱いについて説明しましょう。

第十章　書写学習

1．学校教育と書写

文字は、昔から今日まで時間を超えて精神文化を記録し、人間社会の発展に寄与してきました。文字は情報を伝達し、人間と人間をつなぐ媒体として欠かすことのできないものです。私たちは、中国から伝わってきた漢字を基にしてカタカナ、平仮名を創り出し、これに加えてローマ字、アラビア数字の五つの文字を使って表記しています。漢字や平仮名は、手で書くうちに合理的な書き方を工夫するとともに、美しくきれいに芸術的に表現する対象としてきました。

では現在は、文字の指導はどのような考えに立って指導することが大切なのでしょうか。それには、学校教育の文字の指導の変遷を踏まえることが大切です。文字指導の変遷は、大まかに五つに区分できます。

(1)　手習いの時代　1872（明治5）年～　約30年間

「習字」は独立の教科でした。小学校教則（明治5年）では、手習いの内容は平仮名、片仮名、漢字、数字（第8級）、漢字　楷書（第7級）、行書（第6～5級）、楷書片仮名交じりの文（第4級）、行書平仮名交じりの文（第3～1級）という記述があります。お手本をまねて毛筆の技能の向上を目指すことを主眼とし、指導者の肉筆のお手本をまねることが中心でした。

(2) 書き方の時代　1900（明治33）年～　その後40年間続く

小学校令（明治33年）の改正により「習字」は独立の地位を失います。「書き方」となります。中学校は、中学校令（1901（明治34）年）の改正により、国語漢文の中の「習字」となります。この頃は、鉛筆やペン等が普及してきます。「書き方」は、教師が結構（文字の組み立て方）、筆法（筆の使い方）、字形を示し、児童がそれを模書（ひき写し法）する方法を取っていました。大字から小字へと段階的に練習させ、また、指導の中に抹書（手本の上をたどる方法）を取り入れていました。教師は、児童に仮清書をさせ、直しを加え、そのあとで清書を書かせるようにしていました。

(3) 「芸術科習字」の時代　1941（昭和16）年～

「国民学校令」（1941（昭和16）年）によって、1900（明治33）年以降実に40年ぶりの独立教科目として、復活します。中学校の国語漢文中の「習字」は「芸術科書道」となって独立します。何より芸術性が重んじられ、従来の、形のみを習う臨書指導から、手本の特徴を捉えて書くことや、手本を見ずに文字を書いて、芸術的な表現芸術としての毛筆指導が中心となりました。

(4) 毛筆指導が廃止　1947（昭和22）年から　1971（昭和46）年に完全復活

小学校では、毛筆書写が廃止されます。中学校では、「書くこと」の中に組み込まれ、「書写」となります。非日常的である毛筆は危機に立たされますが、小学校で毛筆は、1951（昭和26）年ころから書写として少しずつ復活していきます。

(5) 書写の時代　1971（昭和46）年～

書写（硬筆・毛筆）は、1968（昭和43）年の学習指導要領により「書くこと」から、「言語事項」に、2010（平成22年）には「伝統的な言語文化と国語の特質に関する事項」に位置づけられました。今回の改訂では、〔知識及び技能〕(3)我が国の言語文化に関する事項に位置づけられています。

2．目的と内容

硬筆を使用する書写の指導は各学年で行います。毛筆の書写は、3学年以上。また、毛筆を使用する書写の指導は、硬筆による書写の能力の基礎を養うことが主眼です。文字を正しく整えて書くことができる原理・原則を習得し、文字を書くことに活用できるようにします。活用するための原理・原則を学ぶことが書写学習であると言っても過言ではありません。各学年の指導時間は、年間30単位時間程度と決められています。

「習字」という言葉が一方にありますが、学校で扱う書写は、文字や文を書き写す、極めて日常的なものであり、原則を「知る」、「見る」、「書く」、「確かめる」の活動を環流させて、日常生活に活かす考え方をとっています。

習字が、手本となる文字に従って繰り返し練習し個別の文字を美しく芸術的な表現力を付けることに対して、書写は、文字を正しく整えて書くのに必要な方法（知識）を理解し、それを活かして文字を正しく整えて書く力を育てる学習です。両者を混同しないようにすることが大切です。

3. 指導計画

決められた指導時間を具現化するために年間の指導計画を各学校で作成します。第1学年、A校の事例です。

第1学年　書写年間指導計画例　　A小学校

月	単元名	ねらい	主な学習活動
4	えんぴつをもってかいてみよう (3)	○正しい姿勢、正しい鉛筆の持ち方を理解して書く。	・鉛筆で線や絵を書いて、鉛筆の正しい持ち方を知る。 ・お手本の字を指でなぞってから、鉛筆で書く。
5 6	ひらがなをかいてみよう	○平仮名の概形（外形） ・筆順・終筆の書き方・	・筆順や終筆、送筆について調べ、それらに注意して語句や文を書く。

	(5)	送筆の書き方を理解して書く。	・画の意味、濁音、小さく書く字、半濁音、句読点の書き方を知る。
7	ひらがなでぶんをかいてみよう (3)	○平仮名の概形や筆順、終筆や送筆の書き方など、これまでに学習したことに注意して文を丁寧に書く。	・日記を、マス目の用紙に丁寧に書く。 ・かぎの書き方、行末の句点の書き方を知る。 ・平仮名五十音や自分の名前を概形や筆順に注意して書く。
9 10	かん字をかいてみよう〔1〕 (6)	○漢字の点画や漢字と片仮名の概形・筆順を理解して書く。	・漢字の点画を調べ、漢字、片仮名の概形を知り、注意して書く。 ・筆順の大まかな原則を知り、注意して語句を書く。
11 12	かん字をかいてみよう〔2〕 (5)	○漢字や片仮名の画の終筆や送筆を理解して書く。	・画の終筆や送筆を調べ、注意して、漢字、片仮名や語句を書く。
1	ことばや文をかいてみよう かきぞめ (4)	○漢字や仮名の概形・筆順・点画の書き方に注意して、文を丁寧に書く。	・短冊やマス目の紙に書き初めを丁寧に書く。 ・文字の概形、筆順、点画の書き方を自分で確認する。
2 3	かん字を書いてみよう〔3〕 (5)	○漢字の画の長短・方向を理解して書く。 ○1年生で学習したこと	・漢字の画の長短、方向に注意して書く。 ・長音の書き方を知る。 ・点画の書き方に注意して漢字を書く。

	に注意して書く。	・漢字が他の漢字の部分になることを知る。 ・関連する漢字を探し、漢字一欄表を見ながら書く。

4．書写指導法

文字や文を書き写す、極めて日常的な書写の学習は、子どもが自ら課題を持ち、自ら文字を意識して、知識を獲得し、書くことを通して学んだことを生活の中で活用できることが大切です。このためには学級の子どもの実態を把握し、生活の中から学習課題についての必然性を確認することが重要です。

一年生では、「かん字とかたかなのしくみ」で、「はらい」、「はね」、「とめ」、「画の接し方」、「画の交わり方」、「おれ」、「はらいの方向」、「まがり」、「字の形」などを学んでいます。例えば、二年生では、町に出て、身近な町の中で使われている文字を見つけて役割を調べる学習をします。これは、文字に関心を持ち、一年生で習った「はらい」のある字、まがりのある字、はねのある字、△の形や□の形の文字を集めたりして、文字の役割を意識し、書写学習の意識を高めていくことを目指しています。このように文字を自ら意識して知識を獲得することが大切です。

原則を学ぶ学習では、課題を見つけて、原則を知り、原則となる文字を見て書き、確かめるようにしています。これは、「知る」、「見る」、「書く」、「確かめる」活動を環流させることであり、課題発見、習得、活用・評価・応用という学習のプロセスを踏みます。これが書写学習です。

評価は、課題の発見、解決の手順、知識の理解度、方法、技能習得度、関心・意欲等の観点に即してよいところを積極的に伸ばすために行います。

原則を学ぶ学習「画と画の接し方」の具体的な流れはこのようになります。

① 知る　…課題発見

課題を見つけるために書きます。文字を書くことが書写の学習になりますが、何のために書くのかの目的意識が必要です。日常的に使っている文字を先ず書いてみる。そしてそこから課題を見つけます。

一　試し書き　口

② 見る

単元の目標を実験するために教科書の文字を見て、原理・原則を見つけます。この事例の場合は、画と画との接し方について、二つの字を比べてみます。原理・原則を理解します。

二つの文字を比べて、接し方で共通していることと、異なることを調べます。

例　共通点　口　と　日　　口　と　日

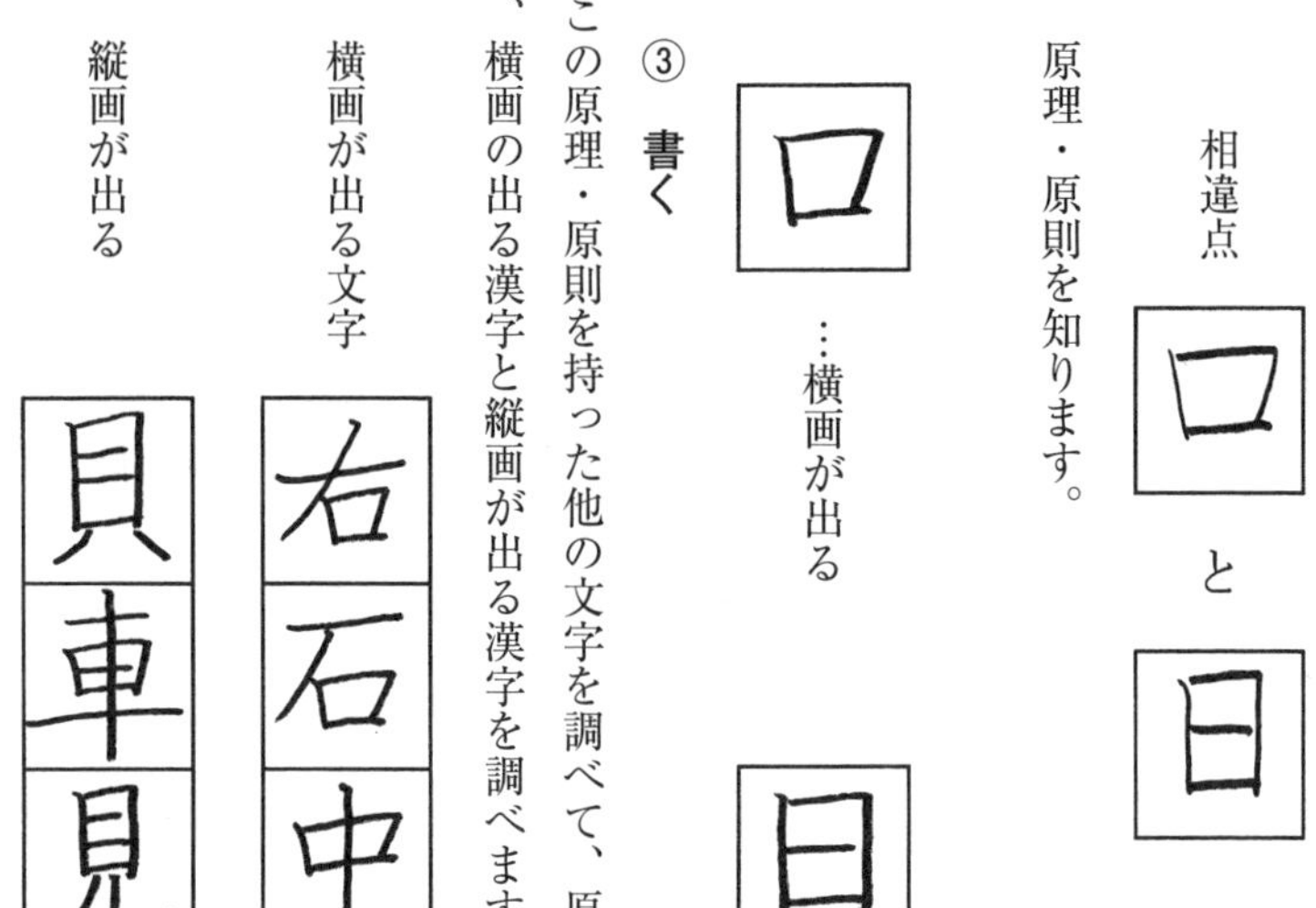

原理・原則を知ります。

口　…横画が出る

日　…縦画が出る

③　**書く**

この原理・原則を持った他の文字を調べて、原理・原則を確認します。1、2年生で習った漢字を見直し、横画の出る漢字と縦画が出る漢字を調べます。

横画が出る文字　右　石　中　虫　名　足　口

縦画が出る　貝　車　見　四　男　目　百

④　**確かめる**

原理・原則を踏まえて、試し書きの文字を書いてみます。原理・原則に基づいて書けているか、相互に評価します。評価規準は、原理・原則の理解度、技能習得度になります。

まとめ書き　口　日

5．指導の実際

次の指導案モデルを見てさらに詳細を考え、実際に模擬授業をしてみましょう。

(1) 指導案

1．単元名　かたかなの　ことばを　書いて　みよう　第2学年
　　「片仮名の点画」に気をつけて書く

2．単元の目標

・片仮名の「点画の書き方」に関心を持ち、書き方を理解し正しく書くことができる。
・片仮名を進んで書いたり、片仮名の特徴について理解を深めている。

3．評価規準

主体的に学習に取り組む態度	知識・理解	技能	活用（日常性）
片仮名の「点画の書き方」に関心を持ち、進んで調べようとしている。	・片仮名の点画の書き方を理解している。	・片仮名の点画に気をつけて正しく書いている。	・片仮名の五十音を書こうとしている。 ・片仮名、平仮名、漢字を比較して書いている。

4．単元について

片仮名には、平仮名のような大きな曲がりや結びを持った画はありません。直線的な画によって構成されるという特徴があります。点画の止め、はね、払い、折れ、曲がり、などは、漢字と共通しています。このことから点画の学習は、これからの漢字の学習に役立ちます。

本単元では、片仮名と平仮名、漢字と比較をしたり、片仮名五十音を書いたりします。片仮名の正しい書き方をしっかりと理解し、正しい片仮名で言葉を書けるようにします。

5．指導計画（3時間扱い）

	主な学習活動	評価	時間
片仮名の点画の書き方を理解して書	・「画の終わりやとちゅう」を見て、片仮名の画の終筆、「とめ」、「はら	主…　片仮名の終筆や送筆を確かめている。	1 本時

く　1	い」、「はらい」や送筆、「折れ」、「曲がり」を知る。 ・「エ」、「オ」などの片仮名を点画の書き方や筆順に注意して書く。 ・片仮名の濁音、半濁音、長音 ・促音の書き方を知り、「マ」、「ア」、「ヤ」を書く。 ・片仮名の終筆や送筆に注意して、「マラソン」等の語句を書く。	知… 片仮名の「とめ」、「はらい」、「はらい」や「折れ」、「曲がり」を理解している。 技…「エ」、「オ」などの片仮名を点画の書き方や筆順に注意して書いている。	
片仮名と平仮名と漢字を比較して書く　2	・平仮名と片仮名、漢字と片仮名の違いを知る。 ・間違いやすい片仮名を知り、「マ」、「ア」、「ヤ」を書く。 ・わかったことを確認する。	主… 平仮名と片仮名の似ているところ、違うところに関心を持っている。 知…平仮名と片仮名の違いを理解している。 技… 平仮名と片仮名の違いを知って、片仮名を書いている。	1
片仮名の五十音を書く　3	・片仮名表を使って、片仮名の五十音や片仮名のことばを、画の書き方や筆順などに注意して書く。 ・片仮名で小さく書く字を知る。 ・身の回りから片仮名で書く言葉を探	主…片仮名の五十音文字を意欲的に書いている。 知…片仮名で小さく書く文字を知っている。 技…片仮名表を使って、片仮名の五	1

	して書く。	十音や片仮名の言葉を正しい筆順で書いている。	

6. 本時の学習　1／3時

(1) ねらい

・片仮名の点画を理解する。

・点画の書き方に注意しながら片仮名を書く。

・片仮名の点画に関心を持ち、意欲的に点画を調べる。

(2) 展開

	学習活動	指導上の留意点	その他
課題把握	1. 単元及び本時のめあてを知る	・片仮名の点画を知り、書き方を正しく書く学習することを理解させる。本時は、片仮名の画の終わりや途中について、学習することを確認する。	
活動	2. 片仮名の画の終わりや途中について調べる	・1年生の漢字、平仮名学習を思い出しながら、片仮名にも「止め」、「はね」、「払い」、「折れ」、「曲がり」があることを知る。 ・エ、ネ、オ、カ、メ、タ、ヨ、ワ、ヒ、セを比べて点画	1年教科書 色鉛筆

		について調べる	
	3．画の終わりや途中を動作化する	・動作化して楽しく覚える。 「止め」…ぴたっ 「はね」…ぴょん 「払い」…しゅっ 「折れ」…かくっ 「曲がり」…ぎゅう	
	4．片仮名の濁音、半濁音、促音、長音の書き方を確認する	・書き方を知る。 濁音　文字に近い方の点から 半濁音　下から右回りで 促音　ますの右上に書く 長音　ますの中心に書く	
	5．練習する	・「マラソン」、「オリンピック」、「ドッジボール」を（止め、はね、払い、折れ、曲がり（濁音、半濁音、促音、長音）に注意しながら書く。	ワークシート
	6．自己評価する	・基本とする文字と見比べながら、原理・原則に沿って自己評価する。	
振り返り	7．まとめ書きをする	・「マラソン」、「オリンピック」、「ドッジボール」をまとめ書きさせる。 ・書いた言葉を相互に見せ合い、よくできている点を相互評価する。	ワークシート

(3)　評価

・片仮名の点画を理解することができたか。

・点画の書き方に注意しながら片仮名を書くことができたか。

・片仮名の点画に関心を持ち、意欲的に点画を調べることができたか。

(2)　教材について

①　画の「終わり」や「とちゅう」の原理・原則を見る文字

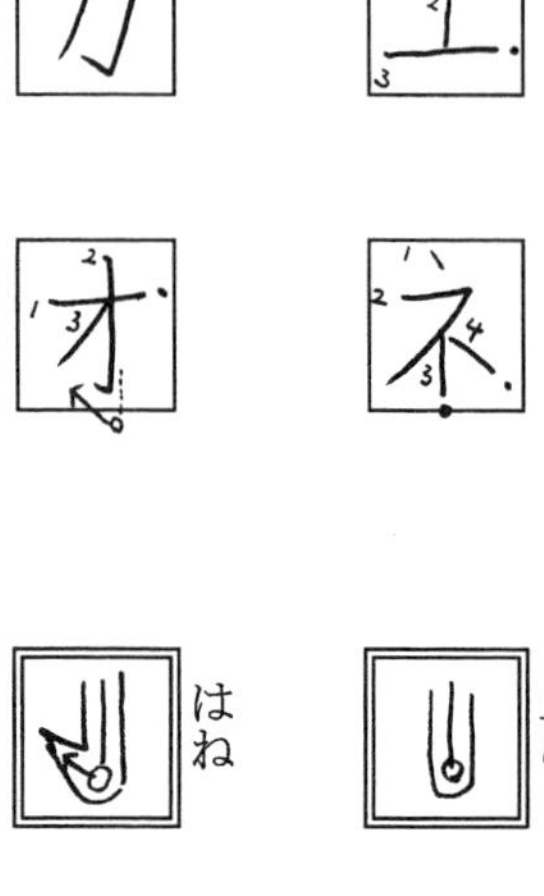

はらい

おれ

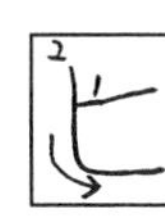

まがり

② ひらがなと　かたかなの　画や　点

止め　…「ぴたっ」
はね　…「ぴょん」
はらい　…「しゅっ」
おれ　…「かくっ」

まがり　…「ぎゅう」

③　片仮名の濁音、半濁音、促音、長音の書き方

字に近い方から

下から右回りで

つまる音2の部屋に入れる

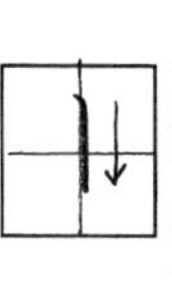

のばす音　真ん中の線の上に

※部屋

ますを四つに分けて一部屋ずつに番号を付けると分かりやすい。

④　書き順

⑤　ワークシートの内容例

今日のめあて
画の終わりやとちゅうに気をつけてかたかなを書こう

○　ためし書き（はじめにかきましょう）
○　まとめ書き（さい後にかきましょう）

一　「エ」「ネ」「オ」「カ」「メ」「タ」「ヨ」「ワ」「ヒ」「セ」を見て、画の終わりやとちゅうがどうなっているか見よう。
二　画の終わりやとちゅうに気を付けて書こう。
「マラソン」、「オリンピック」、「ドッジボール」
三　「ビ」「ペ」「ッ」「ー」を見て、片仮名の濁音、半濁音、促音、長音の書き方を確認する。
四　ふりかえろう　今日のめあてをたっせいできましたか。
◎よくできた　○できた　△もうすこし
自分
友だち

⑥　書くための工夫
書く道具は鉛筆とは限りません。日常生活で使っている物で書くことも大切です。どのような道具を

使っても正しく、丁寧に、原理・原則に即して書くことが大切です。いろいろな道具を使うことで、楽しく書くことができます。また大きく書けば書くほど、止め、はね、払い、折れ、曲がりなどの原理・原則が気になります。書写学習の意義を体得できます。

・黒板にチョークで書く
・サインペンやクレヨン、マジックで書く
・友だちの背中に書く
・校庭の土の上に書く
・ライン引きで書く

間違いやすい字を書いて、クイズ形式でどこが間違いか、当てることも可能です。大切なことは、書くことを楽しみながら、文字を正しく書くことの意識を高める、確かな知識や・技能を習得し、活用することです。

⑶　模擬授業

モデルとする指導案（1／3時）で、授業をしてみましょう。模擬授業を見合う観点として、次のことにここでも留意しましょう。

①　明確な目的意識を持った言語活動であること
②　そこで身に付ける知識や技能を明確にし習得すること
③　学習方法（言語活動）やポイントを教えること

④　言語活動を通して、自ら課題を見つける力を育て、主体性な学びを経験させること
⑤　課題を探究する学習（学び）を保障し、思考力・判断力・表現力を引き出すこと
⑥　目標に到達するプロセスを明確にしているか。学習のプロセスが分かること
⑦　話すこと・聞くことの伝え合う力を育てているか。学び合う礎をつくること
⑧　学習の振り返りをしているか。自己評価できること

書写学習の基本的な授業の方法を理解しましょう。どのような言語活動を通して、どのように技能や知識を獲得しようとしているか、計画した言語活動は子どもに分かりやすいか、言語活動の方法を具体的に教えているか、協議してみましょう。

ここでも全員が45分の授業するのは時間的に大変ですから、一人10分程度として最初の課題把握（導入）、または振り返り（まとめ）に絞りましょう。課題把握では、何を学習するのか、本時のねらいを確認し、関心・意欲を高揚させます。どのようなことに注意して書くか、方法や知識を理解し、言語活動をします。言語活動をやりやすくするための工夫が必要です。ワークシートを作成することも工夫の一つです。

この授業も最初の10分が勝負です。また振り返り（まとめ）では、書くことの言語活動を振り返り、子どもが自己評価する力を育て、獲得できたことを明確にすることが肝心です。はじめと最後は教師が最も活躍する場面です。ここを中心に授業を見合い共に学び合いましょう。

6. 書写の評価

(1) 評価の考え方

評価は、子どもの書写意欲を高め、能力を伸ばすためにあります。また、その後の学習に役立つことが大切です。教師による評価、自己評価、相互評価を効果的に取り入れ、評価の客観性を高めるとともに、よいところを積極的に伸ばしていく姿勢が大切です。観点別学習状況の評価について、「知識・技能」、「思考・判断・技能」、「主体的に学ぶ態度」の3観点が中央教育審議会（平成28.12）提言されています。

(2) 評価規準

書写学習は、〔知識及び技能〕に位置づけられています。従って評価規準は、「知識・技能」を中心に、「主体的に学ぶ態度」の二観点を設定します。しかし、書写の知識・技能は、極めて日常的に使うことが大切であり、これを鑑み、次のような観点を設定することも考えられます。

〈主体的に学ぶ態度〉…学習に対する興味・関心をもち、頑張ろうとする意欲や姿勢がある
〈知識・理解〉…文字の書き方の原理・原則などを知識として理解できている
〈技能〉…字形、文字の大きさ、配列・配置など、書写の学習の内容が習得できている

三観点が基本ですが、これに活用を加えて四観点の場合もあります。

〈活用（日常性）〉…学習したことを日常生活に生かしているか。

各学年の書写に関する指導事項は、内容の〔知識及び技能〕(3)のウ・エで、次のように示されています。

第一学年及び第二学年

(ア) 姿勢や筆記具の持ち方を正しくして書くこと。
(イ) 点画の書き方や文字の形に注意しながら、筆順に従って丁寧に書くこと。
(ウ) 点画相互の接し方や交わり方、長短や方向などに注意して、文字を正しく書くこと。

第三学年及び第四学年　エ

(ア) 文字の組立て方を理解し、形を整えて書くこと。
(イ) 漢字や仮名の大きさ、配列に注意して書くこと。
(ウ) 毛筆を使用して点画の書き方への理解を深め、筆圧などに注意して書くこと。

第五学年及び第六学年　エ

(ア) 用紙全体との関係に注意して、文字の大きさや配列などを決めるとともに、書く速さを意識して書くこと。
(イ) 毛筆を使用して、穂先の動きと点画のつながりを意識して書くこと。
(ウ) 目的に応じて使用する筆記具を選び、その特徴を生かして書くこと。

《研究と討議のための課題》

二十三　習字と書写はどのような違いがありますか。書写の基本的な考え方について説明しましょう。

二十四　書写指導の内容及び指導法について、具体的に説明しましょう。

第十一章　読書活動

1．読書力の育成

(1) 読書と国語科

国語科の学習では、文字言語を習得し正確に理解する言語能力を身に付けて、それを活用して読書する態度を育成します。読書は、読む力を活用して知識を広げ、まだ自分でも気がつかない可能性を発達させます。〝学ばなくてはならない〟必須の国語科で必要な能力を身に付け、読書の世界を体験し読書の海への航海を促します。ここでは、航海の楽しさ、面白さ、必要さ、興味や関心を高めます。そして、今度は自分で遠くの海に旅立ちます。国語学習と読書はこのようなものであると考えます。国語科と読書は、考える力、感じる力、想像する力、表す力などの〔思考力、判断力、表現力等〕を育み、この基盤となる〔知識及び技能〕を習得できます。感性や教養・価値観等の形成に直結するものです。

国語科の学習は、先生の発問やテストの問に答えるだけではありません。自分で考えたり想像したり解釈したり批評したり、それらを相手に話したり文章にしたりする学びです。これらの楽しさを実感できることが大切です。国語科で体験する読む楽しさは、読書を自らする契機となります。また、読書は、国語の知識を増やし、感性を養い思考力を伸ばします。これらは、国語科学習で学び合うことで、さらに豊かなものにすることができます。国語科学習と読書は車の両輪となって、連環、環流しながら国語力を付け、未知を既知に変え、新しい考えを拓き、自分らしい生き方や教養を身に付けることができます。

２０００年より参加しているＯＥＣＤ「生徒の学習到達度調査」（ＰＩＳＡ）が求める読解力「Reading Literacy」は、文章や資料から「情報を取り出す」ことに加えて、「解釈」「熟考・評価」することを含むものです。また、単に「読む」だけでなく、自分の意見を論じたりする「活用」も含んでいます。国語科の内容構成が〔知識及び技能〕と〔思考力、判断力、表現力等〕、〔学びに向かう力、人間性等〕に整理されたことは、ＰＩＳＡが求める読解力「Reading Literacy」の育成と重なるものです。

(2) Reading Literacy

ＰＩＳＡは、読解力「Reading Literacy」を、

読解力とは、自らの目標を達成し、自らの知識と可能性を発達させ、効果的に社会に参加するために、テキストを理解し、利用し、評価し、熟考し、これに取り組むこと

と定義しています（２００９）。「目標を達成し」、「自らの知識と可能性を発達させ」、「効果的に社会に参加するために」と学ぶ立場から目標を示し、合わせて、「理解し、利用し、評価し、熟考し」と必要な能力及び読書を多面的にまた頻繁に行っているなどの情緒的、行動的特性を明確にしています。これらは、

これからの社会で自己実現を図る上で欠かせない能力であり、国語科が取り組む課題です。

(3) 読書力の育成

「子どもの読書活動の推進に関する法律」（２００１（平成13）年12月）第二条では、読書についての基本理念を

言葉を学び、感性を磨き、表現力を高め、創造力を豊かなものにし、人生をより深く生きる力を身に付けていく上で欠くことのできないものであることにかんがみ、すべての子どもがあらゆる機会とあらゆる場所において自主的に読書活動を行うことができるよう、積極的にそのための環境の整備が推進されなければならない。

と規定し、読書の環境整備を義務づけています。この法律を受けて、「読書活動推進に関する基本計画」（２００２（平成14）年8月）が閣議決定され、学習活動を通じた読書活動の推進や朝読書の励行、読書習慣の確立、関係機関の連携、家庭・地域・学校が子どもの読書に親しむ機会の提供に努めること、図書資料、情報化に関する整備、図書整備計画、学校図書館情報化、司書教諭の発令、学校図書館事務担当職員の配置やボランティアの協力努力が促されました。国の計画を基本として、各地区で読書推進計画が作成され、社会全体が読書活動の推進に努めている最中です。２００４（平成16）年には、文化審議会「これからの時代に求められる国語力について」（同年2月）において、国語力の育成は、国語教育と読書が

二本柱であるという内容の答申を公表し、２００５（平成17）年には、「文字・活字文化振興法」（同年7月）が制定されました。その第三条第三項では、

　学校教育においては、すべての国民が文字・活字文化の恵沢を享受することができるようにするため、その教育の課程の全体を通じて、読む力及び書く力並びにこれらの力を基礎とする言語に関する能力の涵養に十分配慮されなければならない。

と、法律で文字・活字文化の恵沢を享受することができるように、読む力及び書く力並びにこれらの力を基礎とする言語に関する能力の涵養に十分配慮することを、学校教育に課しています。

　図書の選定は、子どもに任せるのではなく、楽しんだり知識を得たりするためにはどのような本を選ばせるか、目的に応じた本とは具体的にどのような本か、これらの本は、学校図書館に架蔵されているか、配架の場所はどこか、複数の本を比べて読むためにはどの本とどの本を選択させるか、教師の指導が求められるものです。学校図書館で自由に読書をさせればいいというわけにはいきません。司書教諭や学校図書館の事務担当職員との連携協力が欠かせません。「朝読書」などの読書環境の整備から、読書活動を含めた指導計画の作成や、教科書の学びと読書活動を連環・環流させた読書関連の単元においては、読書指導を具体的に展開する必要があります。

2．読書単元学習の開発

読む能力を付け、読書力が身に付く単元学習の開発が必要です。ここで育む主要コンピテンシーは、何よりも

①　目的を持ち、必要な題材や資料を集める活動、情報を分析したり思考したり判断したりする読みの力

②　語句や文、文章についての自分の意見や批評などを書く力

③　読んだことを自分の経験や体験を踏まえて想像したり感じたり考えたりしたことを話す力

です。このようなリテラシーを養うために、読書単元学習では、自分で調べる、資料を使う、自分のテーマで学習する、学校図書館の活用や利用の仕方を学び、自らが目的をもって読む・書く・話す・聞くの統合した学習活動することが大切です。

教材を読む学習と読書活動が連環・環流した読書活動は、次のような読書活動が考えられます。

⑴　意欲喚起読書

読書活動を教科書教材の読みに入る前に位置づけることによって、意欲を高揚し、問題意識を高揚させて、教科書教材の読みにつなげていきます。

読書	教材の読み

(2) 発展読書

教科書教材で高めた意欲を読書活動に発展させます。同じ作者の作品を読んだり、テーマを決めて目的を持って本を読んだりします。教材で学んだ視点を生かして読書し、考えを広げたり深めたりします。

教材の読み	読書

(3) 教材選択読書

教材を含め、関連する本数冊を子どもたちが読んで、その中から学習したい作品を選びます。生活の中で読んでいる本が教材となることで、子どもは興味・関心を持って読みの学習を進めることができます。

読書	教材の読み

⑷　**並行読書**

あるテーマを探求するため、教科書教材を読みながら読書活動を並行させます。読書活動によって教材の読みが補完され、テーマに沿って内容をより深くくみ取ることになります。

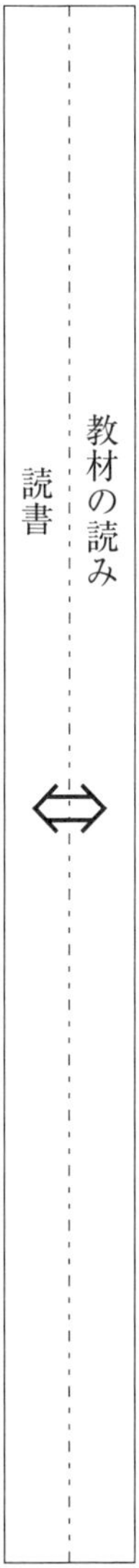

教材の読み	⇔
読書	

⑸　**情報収集読書**

教科書教材以外の図鑑や事典から、目的を持って情報収集をしたり、課題解決に必要な本や文章、資料などを得るために様々な本を読んだりします。この場合の情報とは本以外の資料や視聴覚メディアを含みます。

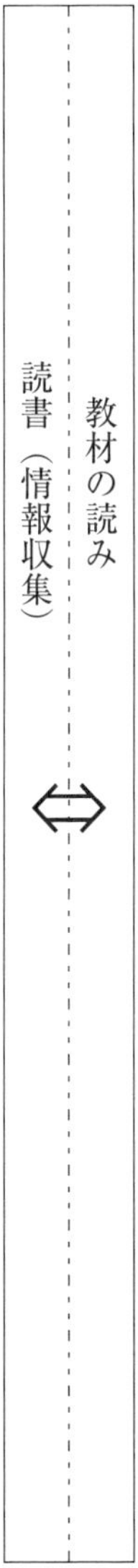

教材の読み	⇔
読書（情報収集）	

教授より子どもが自ら課題を持った主体的な学びに重点を置きます。〝学ばなくてはならない〟必須の学習から自分から〝求めてする〟読書へと、どのように連環・環流させるかが重要です。教材の読みは、学び方や必要な基本的な知識や技能を習得し、活用する力を育むことが肝心です。読書活動では、自ら言

語文化の海を航海し、そこから様々なことを吸収します。両者の連環・環流は国語の知識を増やし教養や価値観の形成に寄与することでしょう。

◇読解と読書

読　解・教材の読み	読　書
教科書（客体）重視	子ども（主体）重視
反復性 繰り返し読む	一回性 作品との出会い　感銘・感動
分析的方法	総合的、直感的方法 文章全体を作品として直感的に捉える
論理優先 教材を理性的、論理的に追究	感性優先 感性的なアプローチ
集団学習 一斉学習	個別 個々が自分の読みを創ることを優先

◇読書離れ

①　第62回学校読書調査　２０１６．６　全国学校図書館協議会

全国の小学生（4～6年）中学生、高校生を対象、2016年6月に実施。
5月1か月に本を読まなかった人の割合　不読率　小4・0％　中15・4％　高47・0％
5月1か月に読んだ本の平均冊数　小11・4冊　中4・2冊　高1・4冊

② 子供たちの新聞を読む状況　2016年度全国学力・学習状況調査
ほとんど、または、まったく読まない　小54・5％　中63・5％
月に1～3回読んでいる　小21・2％　中17・6％
週に1～3回読んでいる　小15・2％　中12・0％
ほぼ毎日読んでいる　小9・0％　中6・7％

◇「これからの時代に求められる国語力について」
文化審議会答申　平成16年2月3日（2004）

Ⅰ　これからの時代に求められる国語力について

自ら本に手を伸ばす子どもを育てる　（最大の目標）
国語力の育成　（二つの柱）
①国語教育　国語は情緒力、論理的思考の基盤、語彙力
音読・暗唱、古典重視、他教科との関連をはかること
②読書活動　全ての教科で読書活動、家庭との連携、関係団体との連携・協力

Ⅱ　これからの時代に求められる国語力を身に付けるための方策について

・学校図書館の計画的整備…　教育課程と学校図書館
・学校における「読書」の位置づけ…　教科等の学習と読書
・望ましい読書指導の在り方…　教員の役割　家庭との連携
・子どもたちが読む本の質的・量的な充実…　教科書では不十分

◇**文字・活字文化振興法　平成17年7月22日（２００５）**
「法施行に伴う施策の展開」政治・行政・民間の目標施策　活字文化議連

○学校教育に関する施策
①読書指導の充実　読書の時間の確保
②教員養成課程　図書館科または読書科の導入
③学校図書館標準の達成　学校図書館整備費交付措置の充実と予算化
④小規模校（12学級未満）への司書教諭の配置
⑤学校図書館に関する業務を担当する職員配置の推進
⑥司書教諭の担当授業の軽減・専任化などの推進
⑦高校図書館の充実
⑧新聞を使った教育活動の充実
⑨国語教育の充実　より豊かな日本語の教育支援
⑩学校図書館支援センターによる学校間、公立図書館との連携・推進

⑪　ＩＴ化の推進による学校図書館・公立図書館と国際子ども図書館等の、ネットワーク化の推進

◇ **読解リテラシー　ＯＥＣＤ学習到達度調査（ＰＩＳＡ）２００９年**

主要コンピテンシー

①「情報へのアクセス・取り出し」。書かれたもの全体の中から、問いに答えるために使う部分や要素を見つけ、選び出し集める能力。

②「統合・解釈」。文章の内容だけでなく、複数の文章群の関係を理解し、その違いや共通点まで理解できる力。

③「熟考・評価」。書かれている内容にとどまらず、知識や経験と関連づけて判断し、説明する力。

「総合的な読解力」で、参加国中8位となり、過去3回8、14、15位と下がり続けてきた傾向から回復した。しかし、①の「情報へのアクセス・取り出し」4位、正答率74パーセント、②の「統合・解釈」7位、正答率62パーセント、③の「熟考・評価」9位、正答率59パーセントである。単純な読み解きは得意だが、それ以上に高度な活用を求められると課題がある。

3．読書単元学習の実際

次の指導案モデルを見て、さらに詳細を考え指導案を作成してみましょう。

(1) 指導案

1．単元名　人間の生き方について考えよう

教材名　石うすの歌　他

2．単元の目標

・優れた描写や叙述を味わいながら、石うすの歌う歌に表れる千枝子の生き方について、自分の考えや感想を持つことができる。

・戦争の時代を舞台とした物語を読み、登場人物の生き方を中心にした読書紹介をすることができる。

3．評価規準

知識・技能	思考・判断・表現（読むこと）	主体的に学習に取り組む態度
読書に親しみ、読書が、	・人物の相互関係や心情を描写を基に捉	・進んで読書をし、思いや考え

自分の考えを広げることに役立つことに気付くこと。(3)オ	えること。読イ ・自分の考えをまとめ、意見や感想を共有し、考えを広げること。読オ、カ	を伝え合おうとする態度を養う。

4．単元及び教材について

「石うすの歌」や他の戦争を舞台とした物語の中に登場する人々は、戦争の時代にあっても、優しさ、明るさを失わず、悲しみを乗り越え、たくましく生きている。自分の意志を曲げずに生きる人々、どのような困難も乗り越える強さを持っている人々は素晴らしい。石うすの歌を初め、読書を通して、困難な時代に生きた人々の思いを想像し、自分について考える機会としたい。

「石うすの歌」は、戦争の悲惨さや過酷さに負けないで明るく生きていこうとする人々の姿を描いた作品である。おばあさんは、石うすの音に自分の気持ちを投影し、温かく心優しく千枝子を包む。千枝子も一緒にうすを回しながら、妹に思いを巡らせる。最後は一人でうすを回して「勉強せえ。つらいこともがまんして」と歌う。石うすの歌は千枝子の心の歌である。この千枝子の成長は、自分の生き方を考える契機となる。

教材の読みと読書の環流を図るために、単元に読書活動を位置付ける。教材の特性や内容を考慮し、教材を生かした読書活動にするために、読書活動をどこに位置付けるかが重要であるが、ここでは教材と並行させて読書活動を進める。5年の「大造じいさんとガン」では、椋鳩十の作品三編を選び、読みたい本を読む「発展読書」をした。本単元「石うすの歌」では、戦争の時代を描いた作品を選び、教材の読みと読書活動を同時進行する「並行読書」する。教材の読みと並行する読書活動は、読書交流会として、単元の目標である「人間の生き方を考えよう」に焦点化する。

5．指導計画　10時間扱い

次	時	ねらい	学習活動
第1次	1・2・3・4	・戦争の時代を生きた子どもを描いた物語の読み聞かせを聞き、本に興味を持ち学習の見通しを持つ。 ・「石うすの歌」を読み、感想を書く。 ・感想を交流し、学習課題を持つ。	・「戦争の時代の子ども達」を主題にした本のブックトークを聞き、本に興味を持つ。 ・学校図書館で読みたい本を見つける。 ・朝の読書や生活の中で選んだ本を読む。 ・学習の最後に「読書交流会」をすることを確認する。 ・感想を交流し、千枝子の人柄や生き方、変容を視点にして読むことを確認する。
第2次	5・6・7	・各場面の石うすの歌を比べて読み、そこに込められた千枝子の気持ちを考える。 ・作った歌について交流し、千枝子の気持ちに迫る。 「団子がほしけりゃ　うす回せ」	・石うすの歌の続きを考える。 ・叙述を踏まえ、千枝子の気持ちを交流しながら、千枝子の葛藤や悩み、変容を想像する。 ・歌に込められた千枝子の気持ちを、根拠となる事柄を示して話し合う。 ・友だちとの交流を通して、自分の歌を見直し、必要があれば書き直しをする。

		「お姉さんだよ　お姉さんだよ」 「勉強せえ　勉強せえ　つらいことでもがまんして」 ・千枝子の成長について自分の考えをまとめる。	・「団子がほしけりゃ　うす回せ」では、千枝子の様子が分かる叙述を踏まえる。 ・「お姉さんだよ　お姉さんだよ」では、瑞恵を待ちながら瑞恵を思っている千枝子について考える。 ・「勉強せえ　勉強せえ　つらいことでもがまんして」では、瑞恵と一緒にうすを回している千枝子の気持ちを考える。 ・考えを書けるようにする。
第3次	8・9・10	・自分の読んでいる本の主人公の生き方をまとめる。 ・主人公の生き方を中心に読んだ本の紹介をする。	・紹介する内容をまとめる。まとめたものは、教室に掲示することを知り、新聞や本の帯等、形態を工夫する。 〈紹介の仕方〉 ①　題名　作者　出版社 ②　粗筋　人物の生き方を中心に （誰が、どんなことに直面し、どんなことを悩み、どうした…） ③　感想（どう思ったか…） ・簡単な粗筋と自分の感想を述べる。 ・交流する。

ブックトークで紹介した本

「ガラスのうさぎ」　高木敏子　金の星社

「猫は生きている」　早乙女勝元　理論社
「八月がくるたびに」　おおえひで　理論社
「おいでおいで」　松谷みよ子　国土社
「8月15日の子どもたち」　あの日を記録する会編　晶文社
「川とノリオ」　いぬいとみこ　理論社

6. 本時の指導　10／10

(1)　ねらい

自分の選んだ「戦争の時代を舞台とした物語」について、「石うすの歌」と比べながら粗筋や登場人物の生き方を紹介し合い、本について興味を持ち、進んで読書しようとする態度を養う。

(2)　本時の展開

	学習活動・内容	◇指導　○支援　△評価
課題把握	1. 本時の課題を確認する。 読書交流会をしよう	◇本時のめあてをつかみ、意欲を持って課題に取り組むようにする。 ○読んだ本の一覧表を用意する。

言語活動	2．自分の選んだ本を紹介し合う。 ①　題名　作者　出版社 ②　粗筋　人物の生き方を中心に 誰が、 どんなことに直面し、 どんなことを悩み、 どうした… ③　感想（どう思ったか…） 3．発表後にまとめて質疑応答をする。	○司会者を決めて子どもが進行できるようにする。 ◇選んだ本を見せたり、作成した媒体を利用する。 ◇なるべく聞き手に分かりやすいように、相手を見て紹介できるようにする。 ◇「石うすの歌」と比べて紹介する。 ◇友だちの紹介をよく聞き、質問や意見を言えるようにする。 △粗筋と感想を区別して紹介できたか。
振り返り	4．自分の発表を自己評価する。 5．読んでみたい本が見つけられたか振り返る。	○振り返りカードを用意する。 △紹介について自己評価し、また読んでみたい本を見つけることができたか。 △交流することの良さが分かったか。

(2)　学習の記録

1．千枝子の気持ちにせまる　第2次5時

①　続き歌を作ろう

団子がほしけりゃ　うす回せ　団子がほしけりゃ　うす回せ
楽しいな　うれしいな　はやく団子が　食べたい　にこにこ回せ
おいしい　おいしい　団子できるぞ　そら回せ

〈感想〉楽しい　早く団子が食べたい

お姉さんだよ　お姉さんだよ　りっぱな　お姉さんだよ　うれしいね
お姉さんだよ　お姉さんだよ　りっぱな　お姉さんだよ　てれくさいね
お姉さんだよ　お姉さんだよ　やっと　お姉さんになれたよ　仲良くしよう

〈感想〉うれしい　てれくさい　仲良くしよう

勉強せえ　勉強せえ　つらいことでも　がまんして
勉強せえ　勉強せえ　どんなにどんなに　つらくても
勉強せえ　勉強せえ　負けずに負けずに　頑張ろう
少しずつ　少しずつ　大人になろうよ　助け合おう
少しずつ　少しずつ　悲しい心を　吹き飛ばし
少しずつ　少しずつ　元気な心を　光らせよう

〈感想〉何事にも負けずに頑張る

② 千枝子の成長（生き方）について自分の考えをまとめる　第2次7時

つらいことでも悲しいことでも乗り越えて、頑張っていこうとする千枝子はえらい。これからももっと勉強したり成長したりしようとする千枝子の生き方は素晴らしい。うすが回せないおばあさんに代わってうすを回そうとする千枝子の人に優しくする行動も素晴らしい。このような生き方ができるようになったのは、父や母の死や「石うす」のおかげだと思う。

千枝子は最初は自己中心だったけれど、悲しいことやいろいろなことがあって、他の人のことも考えられるようになった。短い期間にだんだん大人になっていった。千枝子に比べれば、自分は幸せだし、苦労が足りないと思った。

何事も負けずに頑張る。どんなことにも立ち向かう心を持つ。自分ができることは何でもやる。誰にでも優しくお手本になる。強くたくましく生きる。はじめは自分のことしか考えなかった千枝子が、みずえのことを考えられるようになっていく。私もできることをする。

千枝子は最初はおばあさんに生意気を言って困らせたけれど、みずえにあっていろいろなことを学んだ。つらいことをいっぱい乗り越えて、性格が素直になったように思う。

③　子どもが読んだ本　第3次8時

「ガラスのうさぎ」
「おいでおいで」

「8月15日の子どもたち」
「猫は生きている」
「まちんと」
「かわいそうなぞう」
「アンネの日記」
「二せきの魚雷艇」
「ミチコとクミー」
「大地に地雷はにあわない」
「最後の授業」
「ウォーボーイ」
「あの世からの火」
「28年目の卒業式」
「うしろの正面だあれ」
「ヒロシマの子守歌」
等

2. 授業について

本単元では、次のような子ども像を目

指しています。

○　学習課題や学習方法を見つけたり選んだりして、主体的に課題に取り組む子ども

○　自分の考えを明確にし、進んで表現すると共に、友だちとの交流を通して考えを深めることができる子ども

○　本を選んで読み、読書を通して、考えを広げたり深めたりすることができる子ども

これは、主体的に課題に取り組む子どもを育てることを主眼にするものです。子どもが課題を持って学習するためには、課題を設定するまでの経過が重要です。まずは、戦争の時代を舞台にした本の紹介をして、読書に興味を持ち本を読むようにしていきます。同時に、教材として「石うすの歌」の学習を始めます。

石うすの歌の学習を主体的な学びにするためには、全文を読んで一人一人が感想を持ち、友だちの感想と比べながら、「誰が、どんなことに出会い、葛藤し、どのようにした」と登場人物の言動と心情に迫る課題を設定することが大事です。この学習では、題名でもある「石うすの歌」に着目し、石うすを回す千枝子の気持ちを考えることを課題として捉え、石うすの歌の続きを想像する言語活動をしました。これらの学習を経て、千枝子の生き方について考え、生活を振り返るようにしています。

一人一人が主体的に学習に参加するためには、言語活動の場の設定と子どもが言語活動の方法を選択することが重要です。「石うすの歌」では、場面ごとの石うすの歌に込められた気持ちを考えて歌作りをしました。

5年　大造じいさんとガン	6年　石うすの歌
○吹き出し ○日記 ○インタビュー	○歌作り 場面ごとの石うすの歌に込められた気持ちを考えて歌作りをする

また、千枝子の変容について書くことで、考える力、想像する力、表す力を発現させました。

読書単元では、細かく読み解く方法ではなく、課題を決めて、課題に自ら取り組む言語活動を通して自ら学ぶこと大切です。言語活動をバージョンアップさせることが、国語の知識を増やすことになります。

単元の初めに、単元の目標「人間の生き方について考えよう」を確認し、「石うすの歌」を読むこと、自分で選んだ本を読むこと、最後に「読書交流会」をすることを確認します。

このように学習者である子どもが、学習を見通せるようにすることが大切です。また、教材の読みを通して、読書交流を単なる本の紹介に終わらせるのではなく、人物の言動を中心にした粗筋と感想を紹介し合うことを確認し、戦争の時代に生きたいろいろな人々の生き方について焦点化し、考えを広げることができるようにすることが重要です。

《研究と討議のための課題》

二十五　読書の意義を述べ、読書推進に関わる国の施策について説明しましょう。

二十六　国語科学習と読書について自分の考えをまとめましょう

第十二章　初等国語科実践研究

1．計画（Plan）実践（Do）評価（Check）改善（Action）

公教育は、憲法、教育基本法、学校教育法、学校教育法施行規則、同法が規定する文部科学大臣が告示する学習指導要領、学校を設置する教育委員会が掲げる教育目標や教育方針を踏まえて行われます。校長は、教育課程を教員の協力を得て編成し教育を実施します。では、なぜ、教育課程は各学校で編成されるのでしょうか。この意味を考えることが大切です。

最適な教育を実現するためには、子どもの実態を熟知する学校が責任を持って、教育課程を編成するのが一番有効なのです。なぜならば、教育は、指導計画の作成（Plan）、実践（Do）、評価（Check）、問題点を改善（Action）のマネジメントサイクルによって、具現化されるからです。

例えば、音楽の授業で聞こえてくる子どもの歌声は、指導計画によって実践された教育の成果であり、それを評価し、問題点を明確にして、よりよい計画を作成し、実践し、また評価して新しい教育を拓く、この繰り返しを通して見えている成果が子どもの歌声であり、これが学校教育なのです。国語も全く同じです。話すこと・聞くことがどのように行われているか。どのようなものが書けたか。読む学習でどのよ

第６学年　海の命の板書

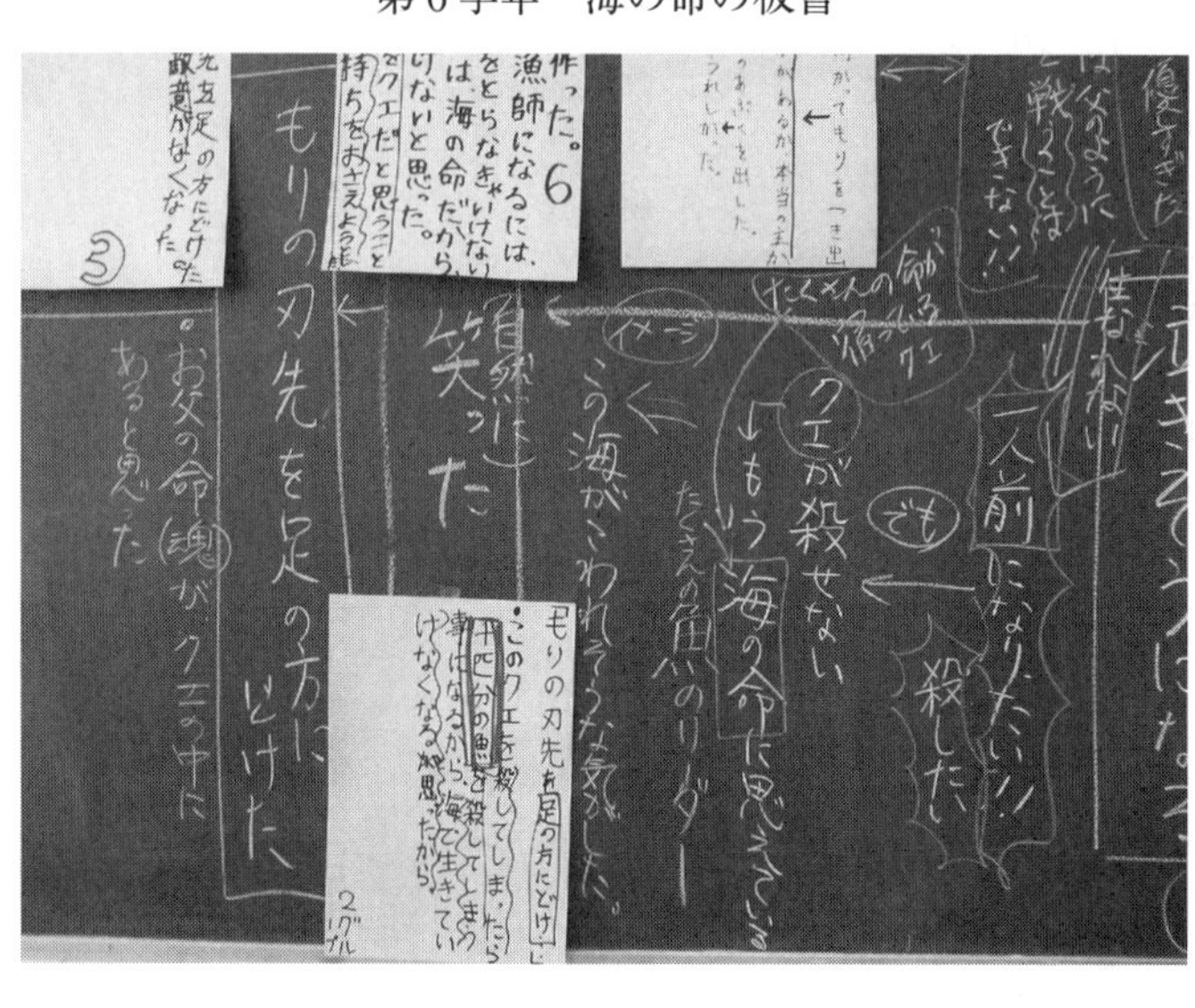

うな学習を作り出すことができたか、今、黒板に発現されている学習活動が成果なのです。日々新たにする国語科研究を通して、最適な国語科教育を創りあげていくのが実践研究です。

実践研究は、二本のレールみたいなものです。一本のレールは、教師の指導のレール、もう一本は子どもが学ぶレール、二つのレールは交わることはありませんが、二本はいつも適当な距離を保って離れることはありません。レールの先には到達すべき駅（目標）があり、目の前に駅（課題）に向けて教える教師と自ら学ぶ子どもがいます。駅に到着するとまた次の駅へ、景色（内容）は変わりますが、一年間続く旅のようなものです。

月日が経つと、子どもは新しいレールを走ります。教師は、指導計画（Plan）、実践（Do）、評価（Check）、問題点を改善（Action）のマネジメントサイクルを繰り返し、新しい子どもとまた出会います。個性も能力も全く異なる子どもと新

1．計画（Plan）　実践（Do）　評価（Check）　改善（Action）

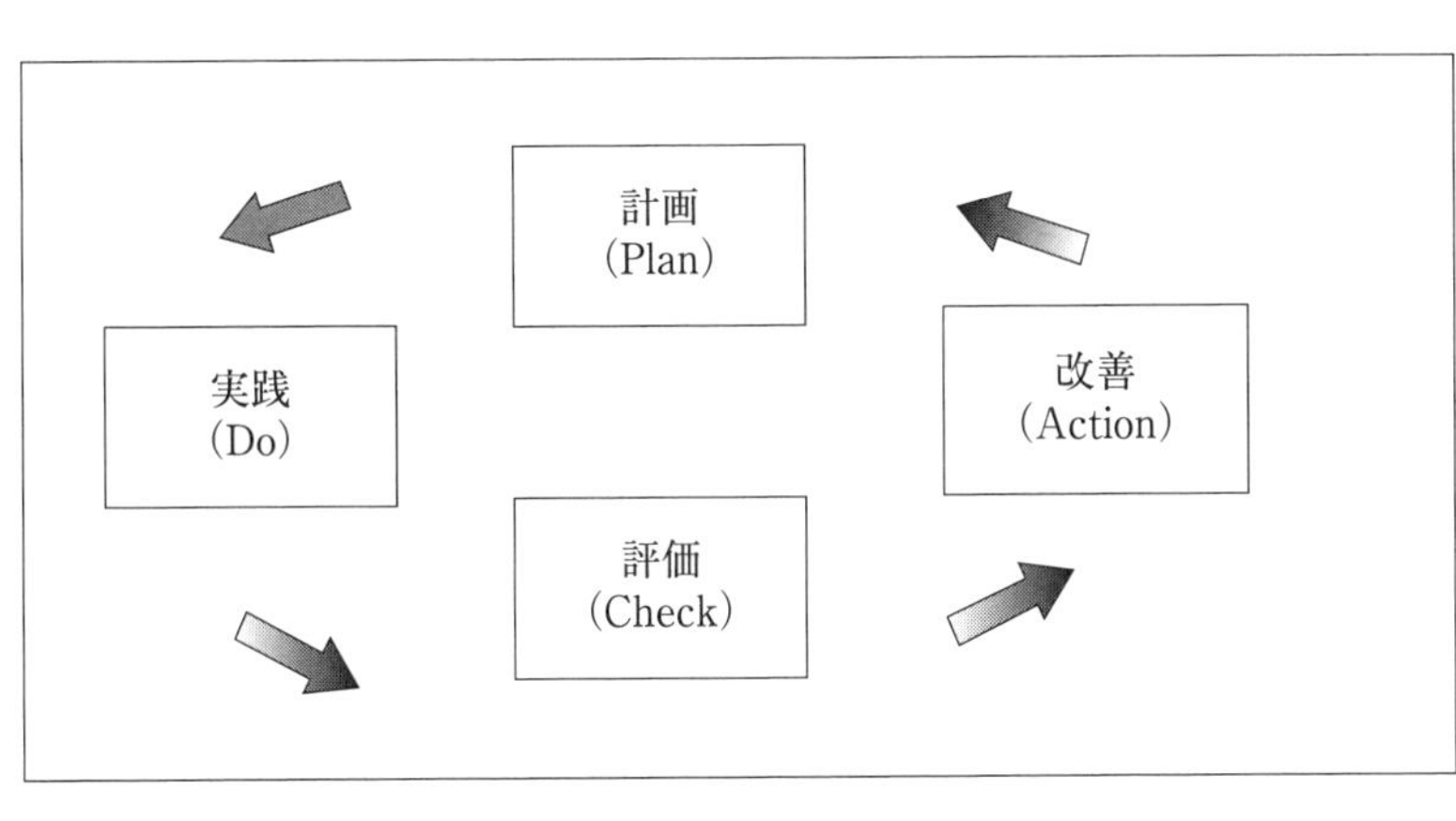

たな出発です。今、最新の計画を持った挑戦が始まります。送り出した子どもとの出会いの初心を忘れることなく、新たな出発をします。

　マネジメントサイクルは、マニュアルを創るものではありません。目の前の子どもに柔軟に対応できる指導力と創造力を養うためのものです。日々成長していく教師こそ教師としての資格があるのです。どのような子どもと出会い、どのような感動を体験できるかを楽しみに、実践研究の道（未知）を歩みます。

　クラスが変われば、また一からの挑戦です。どこまで到達できるか、新たなレールを走る世界が始まります。この挑戦には、主任教諭も主幹教諭も新規採用教諭もベテランも若手も等しく取り組まなくてはなりません。最適な教育に挑戦する意欲や姿勢が最も大切なのです。

　マネジメントサイクルは国語教育をよりよくするためのものであると同時に、教師が教師として自立し自由自在に創造性を発揮し進歩向上するために欠かせないものです。教師が進歩しないで、どうして子どもが伸びることができるでしょうか。子どもは、教育を必要としているのです。

教師は、お互いの授業を通して、国語科教育の目指す方向を共通理解し、内容に対して認識を深め、指導法を学び合うことに努めなくてはなりません。国語科教育の責任を自分が負っていることを常に自覚し、怠らず焦らず、弛まぬ自己研鑽に努めなくてはなりません。

2. 国語科実践研究の課題

計画・実践・評価・改善のマネジメントサイクルを実現し、指導案、授業、指導記録、そこから得た経験を蓄積し、目標に至る考え方と方向を得ることが実践研究です。国語科授業が研究の基盤であり、次の授業に生かせる事例の集積が研究の内容となり構造となります。実践研究は、子どもの成長や変容を研究の成果とし、日々積み上げていくことが肝心です。計画・実践までは毎日のことですが、実践を記録し評価し、次の実践の見通しを持つように整理・記録することはなかなかできません。しかし、国語科教育を研究として、より科学的なものとするためには、記録が必要です。事実を分析・評価しマネジメントサイクルを通して、より最適な国語科教育を実現することが大切です。このような取り組みは、一人ではできません。学校が組織的に取り組むことで、最も効果を上げることができます。

教育改革は、環境や条件整備と並行して教育現場から教育を再生することが肝心です。学級が学年となり学年が集まり学校があります。それぞれの地域に学校が設置されて市や県、国があるのです。一番の原点は、学級です。すなわち子どもです。学級を担任する教師が国語教育の新しい地平を切り拓く開拓者であり先駆者です。とりわけ国語科は、各教科の要です。国語科教育に意気を感じて頑張ってください。最後に、筆者の、これからの国語科教育研究への提言を述べて、全体のまとめとします。

一、国語力は子どもが獲得する。自らの成長に欠かせない自分の可能性を発達させる学びであることを踏まえ、自ら学ぶ学習を構築する。教授ではなく教育であることを踏まえる。

二、自ら学ぶ力を育てる。国語の運用力をレベルアップする。具体的には、話すこと・聞くこと・書くこと・読むことの言語活動が十分できるようにするために活動の方法を教え、言語活動を通して必要な知識や技能を習得し活用できるようにする。

三、読むことの学習を重視する。感性や情緒、論理的な思考力、想像力を言葉で表すためには豊かな語彙が必要である。読むことで語彙を豊かにし、心を豊かにすることができる。読み解く学習から、子どもの読書力を養う。子どもが自ら感じ、考え、想像し、表し、熟考・批評する国語力を重視する。

四、知識・技能等の能力を分けて学ぶ教育の枠をなくし、話す・聞く・書く・読む言語活動を通して、自ら必要な知識や技能を習得できるようにする。そのためには課題設定が必要であり、子どもが課題を持って主体的に学ぶ単元学習を再構築する。

五．国語力を向上させるためには、人と人との双方向の交流・共有が欠かせない。話したり聞いたり書いたり読み合ったりする、言葉と言葉とによる学習力とコミュニケーション能力を国語科が責任を持って育て、すべての学びの礎となり、生きる力の育成に資する言葉の力を養う。

六．自ら進んで読書する態度・習慣を身に付ける。読書を通して心の空間を広げ、様々な世界を知り、夢や希望、想像の翼を広げることができる。言葉による想像力は、どのような現実や困難な問題にも、勇気をもって取り組み心豊かに生きる力を育むことができる。

七．音読・朗読・暗唱を励行する。日本語は声に出して読むことで豊かさを体感できる。語感や調子は子どものスピリットの発露であり、言語感覚を磨くことができる。読むことを丸ごと楽しむ。

《研究と討議のための課題》

二十七　国語科実践研究について説明しましょう。

二十八　国語科実践研究の課題は何ですか。課題について自分の考えをまとめましょう。

二十九　あなたはどのような国語科教育をしますか。あなたの抱負を述べましょう。

三十　これから教師として教室に立つために必要な自分の課題は何ですか。自分の考えをまとめてみましょう。

おわりに

学生の多くから、「国語は苦手だ」、「あまり好きでない」という言葉を耳にします。実は私もこの一人でした。漢字を書いたり、作文を書いたり、先生の発問にどう答えたらよいか分からない。文字をきれいに書けない。こんなことが嫌いの原因であったように思います。これは、「好きでない」「楽しくない」がもたらした必然であったように思います。

私が国語の楽しさに気がついたのは、論語の「君子は器ならず」という言葉の解釈がたくさんあることを知った頃からでした。人は「器」ではないという一般的な理解では何とつまらないことでしょう。どのような状況の中で、なぜこのような言葉を発したか、なぜ「器」ではいけないのか、自分の経験や体験を駆使して自己を語っている解釈は魅力的です。そう言えば、子どもの頃、吉川英治の宮本武蔵を読んで、武蔵が佐々木小次郎を倒して巌流島を去っていく最後の場面、作者は武蔵の心底を百尺下の水に譬え、「誰が知ろうと」と結びました。私は、子ども心に何とか武蔵の心を解き明かそうと布団の中で、毎晩考えていたことを思い出します。国語科は好きではなかったけれど読書は好きでした。

私の国語嫌いの原因は、国語を学ぶ意味や意義が分からないまま学ばされていたことにあるようです。作品と向き合ったとき、登場人物の気持ちや場面の理解を発問という形で問われると、そこには、発問者の期待に答えるという無意識な感情が働き、ここで思考が止まったように思います。発問者の手のひらの中での学びに息苦しさを感じていたのかも知れません。また国語科が受験科目であったことも原因の一つです。他人の説明や解釈を鵜呑みして、一般的知識や技能の暗記に努めました。それは、自分自身の感性や思考を放棄しているようなものです。暗記は、受験のための手段であり、役割が終われば忘れ去られます。極端なことを言えば、自分の時間を売っているのと同じようなものです。

一方読書は、自分の時間を使えます。それは何かの手段ではなく、自分が楽しむものです。感じたり、想像したり、考えたり、表したりすることで自分の中にある資質に目覚める時間です。それは自分から求めないと何一つ得ることができない世界です。でもこの世界は「器」の世界ではありません。どのような「器」でも「器」である以上、限界があり、手段として使われるものです。国語教育は、このような「器」であってよいでしょうか。目の前の子どもは「器」なんかではありません。宇宙のような無限の可能性を持った存在なのです。

芦田恵之助は、「教授は、児童が自己の日常生活を解釈し、識見を高めようとする学習の態度を確立するのが第一義と考え、教授には、教術も教材研究も共に大切。しかし、いかに五段階の教法をうまく行っても、また、教材の要求に応じた教法であっても、それが児童の日常生活を覚醒し、発動的学習態度に無効であったら、教授は、まったく無意味である。」と述懐しています。(『読み方教授』大正5年) 国語教育の先覚者がたどり着いたこの境地に私は深く共鳴・共感します。国語科教育は、「児童の日常生活を覚醒し、発動的学習態度に無効であってはならない」のです。読書のように自ら学び、自分の可能性を発達させる自己創造の学びであるべきです。自分の学びだからこそ覚醒があり発動的な態度を身に付けることができるのです。

生きる力を基本理念とした教育のもとに行われる国語科教育は、いかに教授するかより、いかにまだ見えていない世界に気付かせるか。子ども達を優れた言葉の使い手にすることが大切です。優れた言葉の使い手は、よく感じ、考え、想像し、よく表すことができる子どもです。言葉は単なる器ではなく、言葉は心の表れであり、感性・情緒・思考そのものです。つまり国語科教育は、言葉を通して人を育てることです。言葉を遣って悩み、苦しみ、喜び、目覚め、奮闘、展開、成長できる子どもを育てることが、国語教育が目指すものであると思います。このことは、そのまま教師自身に問われることです。教師こそ「器」でなく、自律、自立、柔軟、創造的でなくてはなりません。

本書は「器」として表出しましたが、学生諸氏は、「器」となってはなりません。これを使って、柔軟に、創造的に新しい国語科教育の地平を切り拓いてください。本書の趣旨はただこの一点に尽きます。

令和2年12月

著　者

著者紹介

長谷川清之（はせがわ・きよゆき）

昭和22年（1947）年生。立教大学文学部教育学科卒業。東京都教員、教頭、校長、明星大学人文学部非常勤講師、教職資格センター実習指導員を経て明星大学教育学部特任准教授、2017年より客員教授。国語科教育研究でソニー賞（努力賞）、讀賣教育賞（国語教育・最優秀賞）、文部大臣賞（読書活動優秀実践校）を受賞。国語科教育、初等国語科教育法等を担当。

【著書】『国語科教育入門』（明星大学出版部）、『人間理解を深める文学教材の読み』（東洋館出版社）、『学校図書館の活用実践事例』（第一法規）等

第3版　初等国語科教育法

2020年12月1日　　第3版第1刷発行
2021年12月1日　　第3版第2刷発行

著　　者　長谷川清之

発 行 者　落合一泰

発 行 所　明星大学出版部
〒191-8506
日野市程久保2－1－1
電話　042-591-9979

印刷・製本　信濃印刷株式会社　ISBN978-4-89549-227-0